DÉBUT D'UNE SÉRIE DE DOCUMENTS
EN COULEUR

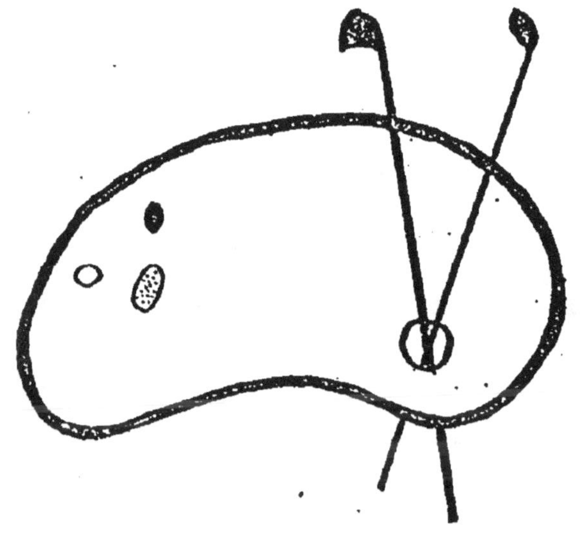

SCIENCE ET RELIGION
Études pour le temps présent

L'ÉVOCATION DES MORTS

PAR

le P. A. MATIGNON S. J.

DEUXIÈME ÉDITION

PARIS

LIBRAIRIE B. BLOUD

4, RUE MADAME ET RUE DE RENNES, 59

1902

SCIENCE ET RELIGION

Études pour le temps présent. — Prix : 0 fr. 60 le vol.

— Certitudes scientifiques et certitudes philosophiques, par le R. P. DE LA BARRE, S. J., prof. à l'Institut catholique de Paris.   1 vol.

— *Du même auteur* : L'Ordre de la nature et le Miracle.   1 vol

— L'Ame de l'homme, par J. GUIBERT, supérieur du séminaire de l'Institut catholique de Paris.   1 vol.

— Faut-il une religion ? par l'abbé GUYOT.   1 vol.

— *Du même auteur* : Pourquoi y a-t-il des hommes qui ne professent aucune religion ?   1 vol

— Nécessité scientifique de l'existence de Dieu, par P. COURBET.   1 vol

— *Du même auteur* : Jésus-Christ est Dieu.   1 vol

id.   Convenance scientifique de l'Incarnation.   1 vol.

— Études sur la pluralité des mondes habités et le dogme de l'Incarnation, par le R. P. ORTOLAN.

I. — *L'Épanouissement de la vie organique à travers les plaines de l'infini.*   1 vol.

II. — *Soleils et terres célestes.*   1 vol.

III. — *Les Humanités astrales et l'Incarnation.*   1 vol.

— *Du même auteur* : La Fausse Science contemporaine et les Mystères d'Outre-tombe.   1 vol.

id.   Vie et Matière ou Matérialisme et spiritualisme en présence de la Cristallogénie.   1 vol.

id.   Matérialistes et Musiciens.   1 vol.

— L'Au delà ou la Vie future d'après la foi et la science, par l'abbé J. LAXENAIRE.   1 vol.

— Le Mystère de l'Eucharistie. — Aperçu scientifique, par l'abbé CONSTANT.   1 vol.

— *Du même auteur* : Le Mal, sa nature, son origine, sa réparation.   1 vol.

— L'Eglise catholique et les Protestants, par G. ROMAIN.   1 vol.

— *Du même auteur* : L'Inquisition, son rôle religieux, politique et social.   1 vol.

— Mahomet et son œuvre, par I. L. GONDAL, professeur d'apologétique et d'histoire au séminaire Saint-Sulpice.   1 vol.

— *Du même auteur* : L'Eglise Russe.   1 vol.

— Christianisme et Bouddhisme (*Etudes orientales*), par l'abbé THOMAS, vicaire général de Verdun.   2 vol.

— *Du même auteur* : Dieu auteur de la vie.   1 vol.

id.   La Fin du monde d'après la Foi.   1 vol.

— Où en est l'hypnotisme, son histoire, sa nature et ses dangers, par A. JEANNIARD DU DOT, auteur du *Spiritisme dévoilé.*   1 vol.

— *Du même auteur* : Où en est le Spiritisme.   1 vol.

id.   L'Hypnotisme et la science catholique. 1 vol.

id.   L'Hypnotisme transcendant en face de la philosophie chrétienne.   1 vol.

-- Le Levier d'Archimède ou la Mécanique céleste et le Céleste mécanicien, par le R. P. Ortolan. 2 vol.

-- Ce que le Christianisme a fait pour la femme, par G. d'Azambuja. 1 vol.

-- L'Hypnotisme et la Stigmatisation, par le Dr Imbert-Gourbeyre. 1 vol.

— L'Éducation chrétienne de la Démocratie, *essai d'apologétique sociale*, par Ch. Calippe. 1 vol.

-- La Religion catholique peut-elle être une science ? par l'abbé G. Frémont. 1 vol.

-- *Du même auteur :* Que l'Orgueil de l'Esprit est le grand écueil de la Foi, *Théodore Jouffroy, Lamennais, Ernest Renan.* 1 vol.

-- La Révélation devant la Raison, par F. Verdier, supérieur du Grand Séminaire. 1 vol.

-- Confréries musulmanes. -- *Histoire, Discipline, Hiérarchie,* par le R. P. Petit. 1 vol.

-- Pratique de la Liberté de conscience dans nos Sociétés contemporaines, par l'abbé Caner. 1 vol.

-- Comment peut finir l'Univers, d'après la science, par C. de Kirwan. 1 vol.

-- Les Théories modernes de la Criminalité, par le Docteur Delassus. 1 vol.

-- Faillite du Matérialisme, par Pierre Courber, 3 vol. *se vendant séparément :*

   I. — *Historique.* 1 vol.

   II. -- *Discussion ; l'atome et le mouvement.* 1 vol.

   III. -- *Discussion ; l'éther, les gaz, l'attraction. Conclusion. -- Appendice.* 1 vol.

-- Le Globe terrestre, par A. de Lapparent, Membre de l'Institut, professeur à l'École libre des Hautes Études, 3 vol. *se vendant séparément.*

   I. -- *La Formation de l'écorce terrestre.* 1 vol.

   II. -- *La nature des mouvements de l'écorce terrestre.* 1 vol.

   III. -- *La Destinée de la terre ferme et la Durée des temps.* 1 vol.

-- De la Connaissance du Beau, *sa définition, application de cette définition aux beautés de la nature,* par l'abbé Gaborit, archiprêtre de la Cathédrale de Nantes. 1 vol.

— Le Diable dans l'Hypnotisme, par le docteur Ch. Hélot. 1 vol.

-- De la Prospérité comparée des nations protestantes et des nations catholiques, *au point de vue économique, moral, social,* par le R. P. Flamérion, S. J. 1 vol.

-- L'Art et la Morale, par le P. Sertillanges, dominicain, docteur en théologie. 1 vol.

-- La Sorcellerie, par I. Bertrand. 1 vol.

— Qu'est ce que l'Écriture sainte ? *Les Livres inspirés dans l'antiquité chrétienne : Théorie de l'inspiration,* p. le P. Th. Calmes. 1 vol.

— Les Morts reviennent-ils ? par I. Bertrand. 1 vol.

(Demander la liste complète des volumes Science et Religion, *parus à ce jour).*

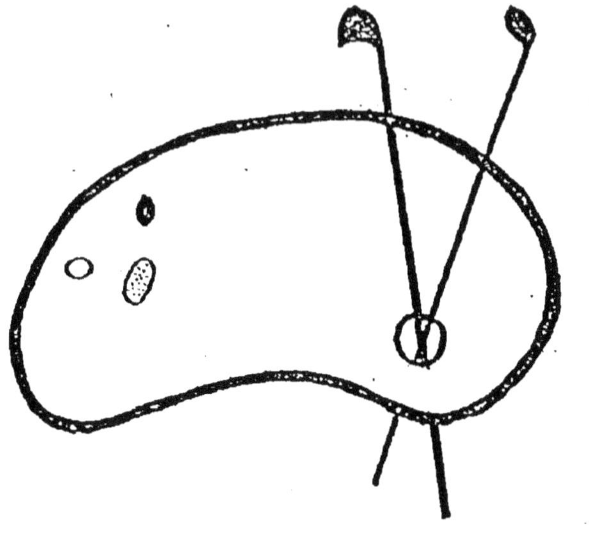

FIN D'UNE SERIE DE DOCUMENTS
EN COULEUR

L'ÉVOCATION DES MORTS

SCIENCE ET RELIGION
Études pour le temps présent

L'ÉVOCATION DES MORTS

PAR

le P. A. MATIGNON S. J.

PARIS

LIBRAIRIE B. BLOUD

4, RUE MADAME ET RUE DE RENNES, 59

1902

PRÉFACE DE LA DEUXIÈME ÉDITION

Aujourd'hui, comme aux débuts d'Allan Kardec -- il y a tantôt cinquante ans -- le spiritisme est à l'ordre du jour. Les demoiselles Fox ont fait école. Aussi le livre du P. Matignon, que nous rééditons, n'a-t-il rien perdu de son opportunité. Le lecteur pourra s'en convaincre et prendre idée, dans les pages suivantes, de l'état de l'opinion sur ces questions troublantes.

*
* *

Au quatrième *Congrès international de psychologie*, pendant l'Exposition de 1900, les spirites se sont vainement efforcés de se faire agréer sur le terrain scientifique. M. Gabriel Delanne, Directeur de la *Revue scientifique et morale du spiritisme*, fit à la cinquième Section une communication intitulée : *La psychologie expérimentale*, et M. Léon Denis, Président de *la Société d'études psychiques*, à Tours, traitant le même sujet, parla des *phénomènes d'extériorisation et de dédoublement.*

M. Vaschide, attaché au laboratoire de l'Asile de Villejuif, apprécia sévèrement la méthode de ces travaux ou plutôt leur absence de méthode : « J'ai écouté, dit-il, avec une attention toute particulière les deux communications précédentes et je vous avoue que, quoique nous soyons dans un milieu scientifique, je n'ai pu trouver que des mots, et seulement des mots... Ceux qui s'occupent des sciences occultes me semblent pour la plupart dépourvus de connaissances vraiment scientifiques ; et leurs observations, prises dans des conditions vraiment antiscientifiques, sont basées sur des sentiments ou sur des phénomènes de croyance. Ainsi, dans les observations précédentes, à mon grand regret, je ne trouve pas la moindre trace d'une recherche scientifique quelconque... Que les spirites, que les orateurs des sciences occultes et autres mondanités pareilles se bornent à nous donner des faits bien observés ;... qu'ils laissent de côté les procès-verbaux, signés par des personnes qu'on ignore, et qui peut-être ne savent pas plus observer et travailler que le premier venu, malgré la haute situation qu'elles occupent... » (pp. 617, 618 du *Compte rendu* officiel).

La troisième séance générale fut particulièrement inté-ressante. M. Th. Flournoy, professeur à Genève, y pré-senta des *Observations psychologiques sur le Spiritisme*, pleines d'humour et de sage méthode. Admettre tous les faits réellement prouvés, n'est-ce point le devoir du cri-tique ; exclure la possibilité de tels ou tels faits par peur du surnaturel, n'est-ce pas une assertion déjà doctrinaire, qui témoigne de peu de confiance dans la valeur scienti-fique de cette exclusion *a priori* ? « Condamner le spiri-tisme par simple aversion pour son relent de superstition surannée, sans avoir d'abord pris contact avec les phéno-mènes réels ou supposés sur lesquels il se base, n'est en somme guère plus intelligent que de l'admettre les yeux fermés sur la foi d'un pied de table ou les rêveries d'un médium intrancé. »

Et l'éminent professeur, ainsi que le Dr Myers, s'efforcent de trouver le mécanisme psychologique de plusieurs séries de phénomènes étranges. La *conscience subliminale*, la conscience mal rattachée à la conscience pleine, réflexe, serait la cause prochaine de beaucoup de manifestations, où il n'est pas nécessaire de faire intervenir un agent intelligent différent du sujet lui-même. Avec pleine bonne foi, on est souvent dupe « des incartades plus ou moins puériles de l'imagination abandonnée à elle-même et où n'intervient plus le contrôle de la personnalité consciente et raisonnable de l'état de veille ».

Le Dr E. van Eeden compléta ces renseignements par des *Observations sur les phénomènes dits spiritiques*. Après des remarques fort intéressantes sur les expériences répétées avec Mme Thomson de Londres par le regretté Dr F. Myers, il disait « se ranger parmi les observateurs convaincus » et admettait des « facultés exceptionnelles qui donnent des connaissances impossibles à obtenir par le moyen des sens ». Mais il terminait par ces sages paroles : « Il y a là aussi un danger d'égarement plus sérieux que dans toute autre part de la science. Et non seulement d'égare-ment scientifique et intellectuel, mais aussi d'égarement moral. On peut construire des hypothèses, des religions, des eschatologies, à son bon plaisir ; et le médium docile vous montrera toutes vos machineries en pleine fonction. Voilà ce qui doit nous rendre prudents jusqu'à l'exagération et voilà ce qui paraît bien justifier les religions orthodoxes qui condamnent les évocations des esprits comme immorales, comme touchant aux secrets cachés pour l'homme par l'Éternel » (p. 123).

On trouvera encore dans le volume du *Compte rendu* une communication du Dr Paul Gibier, directeur de l'Institut Pasteur de New-York, sur *les Matérialisations de fantômes ;* et une autre, du Dr Encausse (Papus), Directeur de la revue occultiste *l'Initiation*, sur des *Appareils électriques enregistreurs, destinés à l'étude des sujets et des médiums.* Car, dit-il, les médiums sont poussés par divers mobiles « à la fraude intermittente ou continue » ; il est donc indispensable de les contrôler.

Enfin le Dr Falk Schupp a présenté un mémoire sur *Das Problem des Somnambulismus*, etc.

Cet envahissement des questions spirites dans la cinquième section du Congrès provoqua de vives protestations. Le Dr Oscar Vogt s'en fit l'interprète dans les pages *Contre le spiritisme* (p. 656 et suiv.). Il reprochait aux spirites de ne pas apporter « des faits exacts, observés avec toute la rigueur scientifique possible ». Il ajoutait qu'en sa qualité de médecin, il avait pu « observer qu'un grand nombre de spirites sont des névropathes, ayant une certaine disposition aux hallucinations, soit actuelles, soit rétroactives ». De plus, leurs sujets sont incapables de s'analyser eux-mêmes. Or, « pour étudier les phénomènes psychiques, il n'y a qu'une seule méthode vraiment rigoureuse : c'est *l'introspection*. On doit demander au sujet lui-même les raisons pour lesquelles il agit, parle, ou voit certaines choses... Nous avons le droit d'attendre que les spirites emploient la méthode psychologique directe » (telle que M. Vogt venait de l'exposer) « chez les sujets qui peuvent s'observer scientifiquement et qui ont un vrai amour de la vérité. Jusque-là la méthode scientifique elle-même nous donne le droit de refuser tout le spiritisme comme absolument anti-scientifique ».

Deux des ecclésiastiques présents à la discussion, les PP. Bulliot et Pacheu intervinrent pour réclamer, en faveur des spirites, la pleine liberté de discussion qu'on semblait vouloir leur refuser, dans un Congrès où on les avait admis, non qu'il soit à propos d'adopter des conclusions et des théories spirites ; mais l'exposé consciencieux des faits observés doit rester libre. Dans *l'Initiation*, M. Papus a constaté avec un étonnement — qui nous étonne — cette impartialité des ecclésiastiques.

..

Malheureux dans le camp scientifique, les spirites ne sont pas traités avec une moindre défaveur par leurs frères occultistes ou théosophes. Dans la *Clef de la Théosophie*, Mme Blavatsky déclare que « les spirites ne possèdent qu'une demi-vérité », qu'ils préfèrent « croire ce qui leur est agréable à croire ce qui est vrai, et se fâchent sérieusement contre quiconque essaie de les détromper au sujet de leurs illusions » (Préface). « L'évocation des morts, dit-elle encore, a été considérée par toutes les nations intelligentes, longtemps avant l'époque de Moïse, comme une chose coupable et cruelle... La sagesse collective de tous les siècles passés a protesté hautement contre les pratiques de ce genre. Je dis enfin, ce que je n'ai pas cessé de répéter depuis quinze ans, que quelques-uns des soi disants esprits ne savent pas ce qu'ils disent et ne font que reproduire à la façon des perroquets ce qu'ils trouvent dans le cerveau du médium ou d'autres personnes Il y en a d'autres qui sont très dangereux et ne peuvent que conduire vers le mal » (p. 278). Elle montrait enfin les contradictions des soi-disant esprits et l'aboutissement lamentable de ces rites superstitieux (1).

(1) Voici cette page curieuse :
« Si vous fréquentez les cercles spirites de l'école d'Allan Kardec, vous y trouverez des « esprits » qui affirment l'existence de la Réincarnation et qui parlent en bons catholiques romains. Si, d'un autre côté, vous vous adressez aux « chers défunts » de l'Angleterre et de l'Amérique, vous les entendrez réfuter la théorie de la Réincarnation, accuser d'hérésie ceux qui l'enseignent et professer les croyances protestantes. Les meilleurs, les plus puissants médiums, ont tous souffert dans leur corps et dans leur âme. Rappelez-vous la fin déplorable de Charles Foster, qui est mort de folie furieuse, dans un asile d'aliénés ; souvenez-vous de Slade qui est épileptique, d'Eglinton, le premier médium d'Angleterre, en ce moment, qui souffre du même mal. Voyez encore quelle a été la vie de D. Home, un homme dont le cœur était rempli d'amertume, qui n'a jamais dit un mot en faveur de ceux qu'il croyait doués de pouvoirs psychiques et qui a calomnié tous les autres médiums jusqu'à la fin. Ce Calvin du Spiritisme a souffert, pendant des années, d'une terrible maladie de l'épine dorsale,

.*.

Après avoir entendu les psychologues qui excluent et les théosophes qui dédaignent, on comprendra mieux l'attitude des catholiques qui, s'ils admettent la libre discussion des faits, montrent à la fois le danger de ces pratiques et le mal fondé des théories. Qu'on lise, entre autres, les ouvrages de Mgr Méric et du Dʳ Surbled. On y verra ce que souhaitent les catholiques : la largeur d'esprit et la sévérité de contrôle.

Le P. Pacheu le notait tout dernièrement dans sa conférence du 5 décembre 1901 à l'Institut Catholique de Paris, sur *l'ésotérisme* : « Dans la masse des faits obtenus par les médiums des réunions spirites, ou ailleurs, un examen attentif montre qu'il y a trois catégories de phénomènes souvent difficiles à distinguer : 1° Faits de charlatanisme, où, d'un côté ou d'un autre, il y a des dupes, par suite de fraudes conscientes ou inconscientes... ; 2° Faits dont il serait réellement peu sage de contester la réalité quand ils ont été observés et étudiés par des gens compétents et impartiaux. Mais il ne faut pas toujours se hâter de crier à l'intervention des esprits, quand on n'a pas sérieusement travaillé à éliminer les causes natu-

qu'il avait prise dans ses rapports avec les « esprits » et il n'était plus qu'une ruine, lorsqu'il mourut. Pensez ensuite au triste sort de ce pauvre Washington Irving Bishop. Je l'ai connu à New-York, lorsqu'il n'avait que quatorze ans ; il n'y a pas le moindre doute qu'il était médium. Il est vrai que le pauvre homme joua un tour à ses « esprits », qu'il baptisa du nom « d'action musculaire inconsciente », à la grande joie de toutes les corporations de savants et érudits, et au grand bénéfice de sa bourse qu'il remplit de cette façon Mais... *de mortuis nil nisi bonum* ! Sa fin fut bien malheureuse. Il avait réussi à cacher soigneusement ces attaques d'épilepsie (le premier et le plus sûr symptôme de la véritable médiummité), et qui sait s'il était mort ou s'il était en transe, lorsqu'eut lieu l'autopsie de son corps ? Ses parents disent qu'il vivait encore, à en croire les dépêches télégraphiques de Reuter. Voici enfin les sœurs Fox, les plus anciens médiums, les fondatrices du Spiritisme moderne ; après plus de quarante ans de rapports avec les « Anges » elles sont devenues, grâce à ces derniers, des folles incurables, qui déclarent à présent, dans leurs conférences publiques, que l'œuvre et la philosophie de leur vie entière n'ont été qu'un mensonge ! Je vous demande quel est le genre d'esprits qui leur inspirent une conduite pareille ? » (p. 272, ch. x).

relles... 3° Tout cela dit, et toute supercherie écartée, tout contrôle scientifique dûment exercé par des gens compétents, il reste, et ce n'est pas notre intention de l'exclure, l'intervention possible d'un agent intelligent distinct de notre personne. »

En toute hypothèse, il faut réserver ces études à un petit groupe de travailleurs, d'aptitude et de préparation suffisantes. Mieux vaut écarter les oisifs, les curieux, les mondains attirés vers ces phénomènes par une curiosité maladive, et qui y trouvent une distraction malsaine, souvent superstitieuse, et, tout au moins, de nature à détraquer le cerveau. La désagrégation mentale qu'elle exige, qu'elle opère et qu'elle arrive souvent à rendre stable met sur le chemin de la folie. Comme le disait si bien M. Van Eeden, les Églises orthodoxes ont eu raison de désapprouver et d'écarter ces pratiques.

PRÉFACE DE LA PREMIÈRE ÉDITION

A chaque instant, nous trouvons des chrétiens de bonne foi, des femmes adonnées à la piété qui se sont laissé troubler étrangement par les manifestations qu'on leur raconte. Plusieurs, poussés par la curiosité, se mettent sans scrupule à converser avec les esprits ; d'autres pensent même, en le faisant, accomplir une œuvre utile et méritoire ; on en voit qui se recommandent aux prières des assemblées spirites ou à celles des mystérieux interlocuteurs. C'est là qu'on vient chercher des lumières dans ses doutes, des consultations dans ses maladies, des consolations après la mort de personnes aimées ; un père, une mère trompent leur douleur en recourant à un *médium* qui doit les mettre en rapport avec l'enfant qu'ils ont perdu.

Ainsi, la manie des communications d'outre-tombe est loin de s'être éteinte ou d'avoir diminué parmi nous. Une brochure courte, claire, substantielle, pourra fixer un peu les fidèles et résoudre un *cas de conscience* devenu très actuel et très pratique. La forme du dialogue, plus populaire et plus propre à la discussion, nous a paru convenir au but qu'on se proposait : nous avons adopté le dialogue.

Quant à la scène, elle n'est point de notre invention. La situation est prise dans la vie réelle, dans les conditions mêmes qui se reproduisent tous les jours. Aussi les deux personnages que nous introduisons devant le lecteur ne parlent point un langage de convention ; il représentent fidèlement les convictions opposées. L'un est un chrétien sincère, mais qui s'est pris d'un bel enthousiasme pour les nouveaux procédés ; il est de toutes les expériences, il aime les communications avec les esprits ; et il pense allier parfaitement sa foi et son devoir avec les doctrines et les pratiques du spiritisme. L'autre est un théologien sérieux, pas trop intolérant néanmoins, ni trop janséniste ; sans manquer d'égards pour ceux dont il ne partage pas les idées, il ne saurait se relâcher d'un iota, dès qu'il s'agit de morale ou d'orthodoxie.

Ces interlocuteurs mis en présence, notre tâche était de nous effacer le plus possible et de les laisser parler comme on doit supposer qu'ils le font d'ordinaire. Le premier a pour lui les idées qui dominent dans les réunions dont il est membre, les explications fournies par les coryphées du parti : car il a lu leurs ouvrages et les possède ; il a surtout un goût décidé pour les expériences spirites, et se sent attaché de cœur à des pratiques qui lui permettent, à ce qu'il croit, de retrouver ceux qui ne sont plus. Le second, après avoir étudié toutes ces choses, les juge d'après les principes de la science sacrée et d'après les Lettres pastorales d'un grand nombre d'évêques sur ce sujet. La doctrine des actes officiels émanés de l'autorité religieuse fait le fond de ses réponses.

C'est assez l'usage dans ces sortes de discussions que l'opposant finisse par se convertir et faire amende honorable. Comme le mien n'est point un être fictif, mais un personnage réel et vivant, dans lequel plus d'un lecteur pourra, jusqu'à un certain point, se reconnaître, je n'ai pas pris sur moi de lui mettre dans la bouche une résolution qu'il me suffit de lui faire naître dans le cœur. Assurément, il peut se rendre le témoignage d'avoir été un avocat consciencieux, et d'avoir soutenu la cause des esprits autant et plus peut-être qu'un catholique ne pouvait le faire. C'est à lui de se déterminer ; la tâche de son contradicteur est achevée, on ne peut plus désormais que le laisser à sa conscience. S'il éprouvait encore des hésitations, je lui conseillerais d'accepter franchement la direction de l'Eglise, qui, sans avoir, il est vrai, porté un jugement formel et définitif, a néanmoins suffisamment exprimé sa pensée par ses organes naturels, à savoir les prélats chargés d'instruire et de gouverner le peuple chrétien.

L'ÉVOCATION DES MORTS

ENTRETIENS

SUR LES

COMMUNICATIONS D'OUTRE-TOMBE

PREMIER ENTRETIEN

L'ESPRIT QUI PARLE

Le Théologien. Êtes-vous bien sûr que l'esprit qui parle soit celui de l'enfant que vous pleurez ?

Le Spirite. Oui, Monsieur, je n'en saurais douter un instant, et voilà pourquoi ces communications ont pour moi tant de charmes. Retrouver après la mort ceux que nous avons perdus, renouer des relations même au delà du tombeau, et nous sentir dans la compagnie des personnes qui nous ont été les plus chères, avouez que c'est là un bonheur inappréciable. Quant à moi, j'aurais donné ma vie pour en jouir ; et puisque le spiritisme me procure ces avantages, je serais bien ingrat si je ne le regardais comme l'œuvre de Dieu et de sa providence.

Le Théologien. Vous ne trouverez pas mauvais que je ne partage pas encore tous vos sentiments à cet égard. J'aime avant tout à voir clair dans les procédés nouveaux, et il reste ici pour moi certaines obscurités qui m'empêchent d'éprouver votre enthousiasme. Convaincu comme vous paraissez l'être, vous n'aurez pas de peine, sans doute, à résoudre mes difficultés, à dissiper mes scrupules.

Le Spirite. Quand nous avons affaire à des hommes exempts de préjugés ou disposés favorablement pour la doctrine, elle entre d'elle-même dans leurs esprits, et ils ne peuvent longtemps se refuser à croire.

Le Théologien. J'ai ouï dire que vous n'aimiez pas les savants.

Le Spirite. Ceux que l'on appelle ainsi sont souvent des hommes pleins d'eux-mêmes et qui mettent leur gloire dans leur incrédulité. Ils penseraient déchoir, s'ils reconnaissaient autre chose que ce qu'ils ont rencontré au bout de leurs instruments ou de leurs abstraites formules. Au reste, quand ils combattent le spiritisme, ils nient ce qu'ils ignorent; et s'ils l'ignorent c'est bien leur faute; car les expériences sont accessibles à tous; et d'ailleurs, chacun peut, s'il le désire, les répéter en particulier pour son propre compte.

Le Théologien. Cependant on m'a assuré que vous aviez toujours refusé les épreuves qui devaient avoir lieu devant les corps savants, ou devant les commissions formées pour examiner la réalité des phénomènes. Plusieurs de ceux qui cherchaient à s'instruire, après avoir longtemps suivi vos séances, en sont revenus persuadés qu'en tout cela il n'y avait rien que de très naturel, si ce n'est peut-être un peu d'adresse et de supercherie.

Le Spirite. Monsieur, parlons franchement. Vous savez comme moi qu'il y a aujourd'hui bon nombre d'hommes décidés avant tout à bannir le surnaturel de l'ordre des réalités. Partant de ce principe que rien ne se passe dans le monde si ce n'est en vertu des lois ordinaires, et qu'un fait en dehors de ces lois est aussi impossible qu'un cercle carré, ils s'obstinent à demeurer incrédules devant les manifestations spirites, comme ils le sont en présence des miracles chrétiens. Nous n'avons point la prétention de convaincre les personnes de mauvaise foi, puisque Dieu lui-même ne les convertit pas. Jésus-Christ n'a-t-il pas dit dans l'Evangile que quand même ils verraient les morts ressuscités, cela ne les amènerait pas à croire? Nous autres, nous ne ressuscitons pas les morts, mais nous les mettons en état de converser avec les vivants. Si nous n'avons pas toujours accepté les propositions qu'on nous a fai'es, c'est que nous savions d'avance que nous aurions à lutter contre des partis pris et contre des préventions obstinées.

Plusieurs expériences ont échoué, c'est possible; il suffit que d'autres réussissent certainement pour prouver la vérité du spiritisme. N'oublions pas que nous avons à évoquer des esprits, et qu'on ne leur commande pas suivant ses caprices. Ils ne sont également disposés ni toujours ni pour tous. Les croiriez-vous tenus de se montrer à heure fixe, comme l'étoile que l'astronome attend à l'extrémité de sa lunette ?

Enfin, Monsieur, s'il s'est mêlé parfois du charlatanisme et de la contrefaçon à nos pratiques, c'est qu'on abuse de tout dans le monde. De même qu'il y a de faux dévots, il peut bien y avoir de faux spirites ; vous ne voudriez pas, pour un tartufe qui se rencontrera par hasard, envelopper dans une même condamnation tous ceux qui font profession de piété ; serait-il juste de juger d'après un ou deux jongleurs tous les partisans sérieux des communications d'outre-tombe ?

Le Théologien. Non, je ne vous rends point solidaires de tous les mensonges qui se débitent au nom de votre doctrine. Je m'attache à vos interprètes les plus autorisés, à ceux qui se donnent comme vos chefs et qui sont acceptés généralement comme tels. C'est précisément en lisant leurs écrits que j'ai senti mes doutes s'accroître.

Le Spirite. Ceci me surprend, car, pour moi, j'y trouve au contraire de quoi faire évanouir toutes les incertitudes.

Le Théologien. Voyons un peu, s'il vous plaît. Vous me dites donc que vous avez bien et dûment constaté que l'esprit auquel vous parliez était celui de votre fille.

Le Spirite. Assurément.

Le Théologien. Mais à quels signes le reconnaissez-vous ?

Le Spirite. Tout se réunit pour le montrer. C'est le caractère de mon enfant, ce sont ses idées, ses tours de phrase, son orthographe même et jusqu'à son écriture. Les réponses ont reproduit des secrets de famille qui n'étaient connus que d'elle et de nous. Au milieu d'une assemblée toute étrangère, par l'organe d'un *médium* qui ne l'avait jamais vue, on me dépeignait ses traits, sa démarche et toutes les circonstances de sa vie. En un mot, je l'aurais contemplée elle-même, en personne, que ma conviction ne serait pas plus entière.

Le Théologien. Je comprends. Tenez, je vois là sur votre table un des livres qui, sans doute, vous sont les plus chers. Me permettriez-vous de vous en lire un ou deux passages ?

Le Spirite. Avec plaisir.

Le Théologien. Cette autorité ne saurait vous être suspecte. M. Allan Kardec (si toutefois c'est là son vrai nom) est le patriarche et comme le pontife du spiritisme. C'est lui qui en garde les archives, lui qui en rédige les manifestes, lui qui en encourage la propagande. Consultons-le sur la question d'identité :

« Un fait démontré par l'observation et confirmé par les esprits eux-mêmes, c'est que les esprits inférieurs empruntent souvent des noms connus et révérés..... Le doute existe parmi certains adeptes très fervents de la doctrine spirite ; ils admettent l'intervention et la manifestation des esprits, mais ils se demandent quel contrôle on peut avoir de leur identité (1). »

Les esprits inférieurs dont il parle sont les esprits impurs, méchants, railleurs, tapageurs, etc. Voyez ce qu'il en dit dans un autre endroit.

« La rouerie des esprits mystificateurs dépasse quelquefois tout ce qu'on peut imaginer... On ne doit jamais se laisser éblouir par les noms que prennent les esprits pour donner une apparence de vérité à leurs paroles (2). »

Il dit encore : « La question de l'identité est une des plus controversées, même parmi les adeptes du spiritisme ; c'est qu'en effet les esprits ne nous apportent pas un acte de notoriété, et l'on sait avec quelle facilité certains d'entre eux prennent des noms d'emprunt ; aussi, après l'obsession, est-ce une des plus grandes difficultés du spiritisme pratique (3). »

D'après cela, comment pouvez-vous bien vous flatter d'être complètement à l'abri d'une mystification ?

Le Spirite. La chose est très simple. Un père ne se méprend pas au langage de son enfant Je vous l'ai dit, ce sont ses idées, ses sentiments et même sa signature.

Le Théologien. Pour ce qui est de la signature, voici ce que je lis dans le même auteur :

« Nous avons dit que l'écriture du médium change généralement avec l'esprit évoqué, et que cette écriture se reproduit exactement la même chaque fois que le même esprit se présente. On a constaté maintes fois que. pour les personnes mortes depuis peu surtout, cette écriture a une ressemblance frappante avec celle de la personne en son vivant ; on a vu des signatures d'une exactitude parfaite. *Nous sommes, du reste, loin de donner ce fait comme une règle et surtout comme constant ;* nous le mentionnons comme une chose digne de remarque (4). »

Si je ne m'abuse, il suit de là que l'écriture n'est pas du tout un signe certain pour discerner les esprits.

Le Spirite. Vous devriez en conclure tout le contraire.

(1) M. Allan Kardec. *Le Livre des Esprits. Préface.*
(2) *Id., Le Livre des Médiums,* p. 427. 1re édit.
(3) M. Allan Kardec, *Le Livre des Médiums,* p. 362, 2o édit.
(4) *Le Livre des Esprits. Préface.*

Puisque l'esprit change souvent l'écriture du médium, puisqu'il y substitue la sienne, il est bien clair alors que c'est lui qui répond et non pas un autre.

Le Théologien. Ce qui me semble plus clair, c'est que le médium obéit à une action étrangère. Mais puisque l'esprit qui se sert de sa main peut prendre telle écriture ou telle autre, il en a donc plusieurs à son service. Et s'il en a plusieurs, pourquoi ne pourrait-il, avec un peu de talent, imiter celle d'une personne connue? Nous voyons des calligraphes fort experts en ce genre d'exercice, et apparemment, parmi les esprits, les plus malins ne leur cèdent guère en habileté. Aussi M. Allan Kardec avoue-t-il franchement qu'il y a des *faussaires* dans le monde spirite tout comme dans le nôtre.

« On peut ranger parmi les preuves d'identité la similitude de l'écriture et de la signature; mais outre qu'il n'est pas donné à tous les médiums d'obtenir ce résultat, ce n'est pas toujours une garantie suffisante : il y a des faussaires dans le monde des esprits comme dans celui-ci; ce n'est donc qu'une présomption d'identité, qui n'acquiert de valeur que par les circonstances qui l'accompagnent..... La meilleure de toutes les preuves d'identité est dans le langage et dans les circonstances fortuites.

« On dira que si un esprit peut imiter une signature, il peut tout aussi bien imiter le langage, cela est vrai; nous en avons vu qui prenaient effrontément le nom du Christ, et, pour donner le change, simulaient le style évangélique et prodiguaient à tort et à travers ces mots bien connus : *En vérité, en vérité je vous le dis,* etc... Que de médiums ont eu des communications apocryphes signées Jésus, Marie, ou d'un saint vénéré (1) ! »

Le Spirite. Celui qui me parle n'est point un esprit de mensonge; c'est ce que démontre tout l'ensemble de son caractère. Si vous voyiez comme ses réponses sont empreintes de piété, comme tout y est conforme à la vertu et à la sagesse ! Certes, si le doute pouvait subsister après de telles preuves, il n'est plus personne à qui j'oserais me fier. Je ne suis pas moins sûr, en lui parlant, d'avoir affaire à une âme honnête, que je ne suis certain, en conversant avec vous, de parler au meilleur de mes amis, en même temps qu'à un homme digne de tous mes respects.

Le Théologien. Merci mille fois de vos bons sentiments. Mais si vous ne pouviez pas plus compter sur moi que sur

(1) *Le Livre des Médiums,* p. 333, 2º édit.

vos esprits, je m'estimerais fort en danger de les perdre.

Le Spirite. Et comment ?

Le Théologien. Parce que je persiste à nier que vous puissiez avoir rien de positif relativement à la personne qui vous parle.

Le Spirite. Voilà qui est curieux.

Le Théologien. Supposons pour un moment qu'un de ces esprits que vos docteurs appellent malins, espiègles, tapageurs, ait l'intention de s'amuser à vos dépens. Le voilà qui s'étudie à reproduire le langage et les sentiments de votre fille, à imiter sa signature, en un mot, à la copier trait pour trait dans sa conversation. Au moment de l'expérience, le lutin est à son poste et se contrefait si bien que vous êtes pris au piège. Vous croyez converser avec l'âme de votre enfant, et vous n'êtes en rapport qu'avec un fourbe qui vous exploite.

Le Spirite. Et à quel dessein, s'il vous plaît ?

Le Théologien. A quel dessein ? Vos livres nous disent que les esprits trompeurs n'ont point de plus grand plaisir que d'abuser les hommes.

Le Spirite. Vous oubliez qu'il y a dans ces manifestations des circonstances intimes, des détails de famille connus seulement de mon enfant, et qui écartent toute possibilité de supercherie.

Le Théologien. Les âmes, d'après votre système, sont répandues dans l'air et errent sans cesse autour de nous (1). Bien des choses que vous croyez soustraites à tous les yeux n'échappent point à leur attention. Si loin qu'elles se trouvent, elles entendent, dites-vous, notre appel et y répondent. Il n'est donc nullement impossible qu'un esprit étranger ait connaissance des choses que vous regardez comme secrètes. S'il n'en a pas été personnellement témoin, d'autres, aussi méchants que lui, ont pu les lui révéler. Il arrive ainsi armé de toutes pièces ; sa leçon est si bien apprise que vous ne le trouverez pas en défaut, d'autant plus qu'il lui est toujours facile de se tirer d'affaire en se retranchant dans la dignité du silence.

Le Spirite. Mais c'est là une hypothèse absurde, dénuée

(1) *Le Livre des Esprits*, ch. iv, n. 46. — *Ibid.*, p. 119. « Pouvons-nous dissimuler quelques-uns de nos actes aux esprits ? — Non, ni actes ni pensées. — D'après cela il semblerait plus facile de cacher une chose à une personne vivante que nous ne pouvons le faire après sa mort. — Certainement, et quand vous vous croyez bien cachés, vous avez souvent à côté de vous une foule d'esprits qui vous voient. » Cf. n. 419.

de toute vraisemblance et à laquelle on ne peut s'arrêter·

Le Théologien. Dans les principes chrétiens que vous admettez comme moi, cette supposition est très raisonnable ; elle repose sur les plus solides fondements ; car nous savons que les esprits mauvais se déguisent pour nous abuser, qu'ils savent même au besoin se transformer en anges de lumière.

Le Spirite. Les principes chrétiens m'apprennent, en même temps, que rien n'arrive en ce monde sans la permission du Père céleste. Comment la Providence souffrirait-elle que les esprits vinssent en son nom nous induire en erreur ? Remarquez-le, c'est en employant le saint nom de Dieu, c'est sous les auspices de la prière que l'évocation se fait ; en sorte que, s'il y avait erreur, ce serait Dieu lui-même qui devrait être accusé d'imposture. Vous le voyez, il n'est pas possible d'admettre qu'un esprit trompeur prenne la place de l'âme que nous attendons.

Le Théologien. Ce que je vois, c'est que toutes ces considérations ne sont guère rassurantes. Vous priez ; mais parmi les promesses faites à la prière, en trouvez-vous une seule qui vous mette en droit d'attendre d'elle de semblables choses ? Quand est-ce que Dieu nous a déclaré qu'il suffirait d'invoquer son nom pour voir les esprits accourir vers nous, et répondre aux questions qu'il nous plairait de leur adresser ? Sa fidélité n'est donc nullement engagée dans toutes ces choses. Est-ce qu'il est obligé d'écarter des périls où nous jettent uniquement une vaine curiosité et une impardonnable imprudence ? Non. C'est à tort que l'on compte sur la Providence lorsqu'on sort des voies qu'elle a elle-même tracées. Vouloir l'y faire intervenir, c'est tenter Dieu ; y employer son nom, c'est le profaner, en le mêlant à des pratiques superstitieuses ; déclarer sa solidarité engagée dans le résultat, c'est s'abuser soi-même et se prédestiner à toutes les illusions.

Le Spirite. En vérité, vous me feriez peur, si je n'avais pour moi le témoignage de ma conscience.

Le Théologien. Je désire qu'elle soit aussi éclairée que je la crois sincère. Du reste, n'anticipons pas sur un sujet qui, vraisemblablement, reviendra plus tard dans nos entretiens. En ce moment, je me borne à une seule demande. Donnez-moi un indice clair, évident, auquel je puisse reconnaître l'esprit qui parle.

Le Spirite. Mais, Monsieur, ceux que nous avons énumérés ne vous paraissent-ils point suffisants ?

Le Théologien. Non, sans doute. Vous avez pu constater vous-même comme ils laissent le champ libre à des hypothèses fort plausibles et qui renversent toute sécurité.

Le Spirite. On n'en demande pas tant pour constater l'identité d'un de nos semblables.

Le Théologien. Le cas est bien différent. Par exemple : Je vois un homme, je puis l'étudier dans ses actions, le suivre dans toute sa conduite ; non-seulement je le connais extérieurement, mais je puis finir par être complètement édifié sur ses mœurs et sur son caractère. Au contraire, cet être mystérieux qui ne s'exprime que par signes et que je ne vois pas, cet esprit dont je ne sais rien sinon sur le témoignage qu'il se rend à lui-même, est-il bien réellement ce qu'il se dit, ou joue-t-il un rôle devant moi ? suis-je témoin d'une révélation sérieuse, ou suis-je dupe de la plus triste comédie ? Voilà mon doute. Si vous m'en pouvez tirer, je vous en serai reconnaissant. Seulement je réclame que vous n'étendiez pas aux esprits le privilège que nous accordons si gracieusement à nos voisins d'outre-mer, je veux dire le droit de débarquer et de voyager sans passe port au milieu de nous. Car pour ces hôtes d'un autre monde, un peu de rigueur est nécessaire : il faut avoir leur signalement, nous devons exiger qu'ils nous prouvent clairement leur identité.

Le Spirite. Oui, du moins quand cette question a de l'importance. Mais pourquoi refusez-vous de vous en rapporter à leur parole ?

Le Théologien. Vous savez si cela suffit lorsqu'il s'agit d'un inçonnu. La prudence la plus vulgaire veut qu'il exhibe des pièces à l'appui de ses assertions, ou qu'il se réclame de personnes dignes de toute confiance Mais vos esprits, quelle garantie nous offrent-ils ? Ils savent, dites-vous, beaucoup de choses : j'en conviens. Ils ont les manières, le langage de ceux dont ils prennent le nom : c'est possible. Ces preuves suffiraient, en certains cas, pour prouver l'identité, s'il s'agissait de personnes vivantes ; mais avec les morts il faut apporter un peu plus de façons, parce qu'ici la mystification est infiniment plus facile. Tant que vous ne m'aurez pas montré qu'on ne peut supposer une substitution, je soutiens que vous ne sauriez avoir aucune assurance raisonnable.

Le Spirite. Votre logique est cruelle A quoi bon rompre un charme si propre à consoler la douleur ? Quoi ! Monsieur, vous enviez à un père, à une mère, cette persuasion si douce qu'ils peuvent encore converser avec l'âme d'un enfant dont la perte a assombri leur existence ! Après tout, quand même il y aurait péril de quelque illusion, ne voyez-vous pas qu'elle est de celles qui ne peuvent entraîner aucune suite fâcheuse ? elle aura pour effet unique de cicatriser les blessures du cœur, de soulager la tristesse. Ministre d'un Dieu de charité, laissez, laissez à ceux qui pleurent l'espoir de retrouver quelquefois les objets de leur tendresse. Il est trop dur de venir vous placer entre ces âmes qui se comprennent et se répondent, pour y jeter un doute plein d'amertume, pour y faire naître un soupçon capable d'étouffer toute joie.

Le Théologien. Ah! Monsieur, que je vous laisserais volontiers en possession de la vôtre, si cette conduite ne me paraissait mille fois plus cruelle encore.

Le Spirite. Comment l'entendez-vous ?

Le Théologien. Ecoutez. Je suppose que votre fille, au lieu d'avoir été ravie à votre affection à l'âge de quinze ans, soit tombée dès le berceau aux mains d'une cruelle nourrice qui, voulant assurer l'avenir de sa propre enfant, ait tramé et accompli un horrible échange. Celle qui vous appartient a disparu, elle est enfermée peut-être loin du jour et de la lumière ; pendant ce temps, sa pauvre mère couvre de ses baisers et presse sur son cœur le fruit d'un sein étranger ; vous-même, vous, le père de cette infortunée, vous enveloppez de votre amour une créature qui n'a rien de commun avec votre sang ; à elle iront vos biens et votre héritage. Ah ! je le demande, si quelqu'un avait connaissance de cette affreuse substitution, au nom de l'humanité ne serait-il pas tenu de la découvrir ?

Le Spirite. J'en conviens, mais quel rapport...

Le Théologien. Le rapport est frappant. Catholique, aussi bien que moi, vous admettez assurément l'existence du purgatoire ; vous n'ignorez pas que pour être admis au baiser éternel du Père céleste, il faut être pur comme les rayons du soleil, et que peu d'âmes échappent à la nécessité de subir, quelque temps du moins, les peines expiatoires. Sommes-nous certains que votre enfant, si innocente d'ailleurs, en soit entièrement délivrée ? Or, tandis qu'elle souffre peut-être loin de son Dieu et loin de vous un autre vient ici tenir sa place dans vos affections, vous amuser par de beaux discours, peut-être vous tromper sur son sort et vous persuader tout le contraire du vrai. J'ai vu, Monsieur, un de ces prétendus esprits jeter dans le désespoir une femme chrétienne en prenant le nom de sa sœur, ange de piété et de vertu, pour lui faire croire qu'elle était damnée. Et vous ne voulez pas que nous appelions la lumière sur ces mystères de ténèbres ? Vous prétendez que nous laissions les sentiments les plus nobles et les plus sacrés du cœur humain prendre le change, s'égarer en embrassant de vains fantômes. Des fantômes ! que dis-je ? des êtres corrompus, malfaisants, de ces esprits inférieurs, comme vous les appelez, qui ne trouvent leur bonheur que dans la tromperie et dans le mensonge. Ah ! quand il n'y aurait point d'autre péril, ce serait certes pour nous un devoir de démasquer l'imposture. Vos docteurs eux-mêmes admettent qu'on ne peut prouver l'identité que *jusqu'à un certain point* (1), ce qui veut dire qu'il y a toujours du doute et de l'incertitude. Quelle consolation peut subsister avec ce doute ? quelle joie sérieuse est compatible avec cette incertitude ? Je ne sais si l'interlocuteur caché qui me répond est l'âme de mon ami ou s'il n'est pas un esprit pervers, et je m'estimerais heureux de converser avec lui ! Quant à moi, Monsieur, ce n'est point là que je chercherai un adoucissement à mes larmes.

Les exercices religieux m'offrent un moyen sûr d'entrer en communication avec mes chers défunts. Sont-ils souffrants, je les soulage par ma prière ; sont-ils heureux, je communie en quelque sorte à leur félicité par mon amour. Là point d'illusion possible ; tout est certitude, tout est vérité, tandis qu'au contraire ces ombres que vous faites passer devant moi, si elles cachent quelque réalité, peuvent bien recouvrir des personnages dont la seule pensée fait horreur, et qui, considérés de plus près, me glaceraient d'épouvante.

Le Spirite. Ces appréhensions, je les partagerais avec vous, si nous n'avions un moyen infaillible de nous tirer du doute qui vous travaille.

Le Théologien. Ce moyen, quel est-il ?

Le Spirite. Très simple et très facile. Mais comme je prévois qu'il soulèvera encore quelque discussion, permettez que nous remettions notre conversation à demain.

Le Théologien. Volontiers ; la nuit porte conseil. Les esprits en profiteront sans doute pour venir remercier leur avocat et lui fournir de nouvelles armes.

(1) *Le Livre des Esprits. Préface.* — « Avouons que, malgré tout, les esprits malveillants peuvent tenter de nous tromper. Les substitutions ne sont pas rares. » (Dr GRAND, *Lettre d'un cathol. sur le spirit.*, p. 107.)

IIᵉ ENTRETIEN

LA DOCTRINE

Le Théologien. Je viens, Monsieur, vous rappeler votre promesse de me donner un signe certain pour reconnaître l'esprit qui répond à vos questions.

Le Spirite. Rien de plus aisé que de vous satisfaire. Vous-même, vous n'avez point oublié quel était entre nous l'objet de la discussion.

Le Théologien. Non, sans doute.

Le Spirite. L'hypothèse que vous m'opposiez, c'est qu'un esprit pourrait bien prendre la place d'un autre.

Le Théologien. Oui.

Le Spirite. Et cette substitution ne saurait être l'œuvre que d'un esprit méchant et trompeur.

Le Théologien. Assurément.

Le Spirite. Dans ce cas, disiez-vous, nous n'aurions aucun contrôle infaillible pour distinguer le vrai du faux, et discerner, sans crainte d'erreur, le personnage auquel nous avons affaire.

Le Théologien. C'est cela.

Le Spirite. D'où vous tiriez comme conclusion que, la supercherie étant possible, nous ne devons jamais nous fier à ce que nous entendons, ni nous laisser prendre aux noms dont les esprits se décorent.

Le Théologien. On ne pouvait mieux résumer notre conversation précédente.

Le Spirite. Eh bien, Monsieur, j'ai l'honneur de vous dire que tout ce raisonnement croule par la base.

Le Théologien. Et pourquoi ?

Le Spirite. Parce qu'il repose sur une supposition fausse.

Le Théologien. Laquelle ? s'il vous plaît.

Le Spirite. Pour que la difficulté fût sérieuse, il faudrait qu'on ne pût pas établir une ligne de démarcation certaine entre les esprits supérieurs et les esprits inférieurs, entre ceux qui sont bons et ceux qui sont méchants.

Le Théologien. Je vous accorde bien volontiers que ces derniers seuls sont capables d'user de semblables ruses. L'Evangile, lui aussi, établit la distinction des esprits bons et mauvais, et, quoiqu'il ne l'entende pas tout à fait comme vos docteurs, je ne veux point incidenter sur cette différence.

Le Spirite. En sorte que la question d'identité se réduit à reconnaître si c'est un esprit supérieur ou un esprit inférieur qui parle : car le premier ne veut pas nous abuser, et, s'il nous déclare son nom, nous devons avoir foi à sa parole.

Le Théologien. Je ne suis plus tout à fait d'accord avec vous. Vos livres sont pleins de révélations signées des noms les plus respectables : c'est Zénon, c'est saint Augustin, saint Louis, parfois le Christ lui-même. On nous donne tout cela comme venant des esprits supérieurs, et néanmoins on nous prévient que ces dénominations ne doivent être acceptées que sous bénéfice d'inventaire. Il y a donc, d'après vous, de bons esprits qui prennent un masque et viennent à nous avec un visage étranger.

Le Spirite. Cela peut être quand il s'agit seulement de donner à une doctrine vraie plus de poids, plus d'autorité ; mais la chose n'est pas supposable lorsque la substitution aurait pour effet de nous tromper dans nos affections les plus chères.

Le Théologien. Je ne vois pas bien le motif de cette distinction.

Le Spirite. Le voici. Un esprit supérieur qui émet une doctrine, peut le faire au nom de saint Louis, au nom de saint Augustin, au nom même de Jésus-Christ. Il n'y a donc pas grand inconvénient s'il signe de cette manière. Mais quand tout l'intérêt s'attache à la personne même, ce serait nous jouer impitoyablement de se donner pour ce que l'on n'est pas ; un esprit supérieur en est incapable.

Le Théologien. Monsieur, je crains que le besoin de votre cause ne vous fasse hasarder une assertion bien difficile à défendre. Quoi ! il n'y aurait pas grand inconvénient à ce qu'une révélation fût signée d'un nom auguste, lorsque cette révélation renferme des idées diamétralement contraires à celles du personnage auquel on l'attribue (1)? Nous aurons peut-être à en reparler. Ne sortons pas du sujet qui nous occupe, et veuillez me dire, s'il vous plaît, à quelle marque vous reconnaissez les esprits supérieurs.

Le Spirite. A leur doctrine, ou, si vous aimez mieux, à leur *élan vers le bien.* « Quand les esprits nous parlent de la religion avec respect et amour, quand ils attestent le Christ, quand ils éteignent nos passions, quand ils nous maintiennent irrésistiblement dans le bien, quand ils font couler de nos yeux des larmes de repentir et d'amour, nous les maudirions, nous les appellerions méchants et fils de l'enfer! Non, ce blasphème ne sera jamais sérieusement proféré (2). »

Le Théologien. Ainsi la meilleure manière de juger les esprits, c'est d'examiner leurs réponses (3)?

Le Spirite. Sans doute. Ne lisons-nous pas dans l'Evangile que l'arbre se connaît à ses fruits? Il y a là un *criterium* infaillible.

Le Théologien. Les enseignements des esprits sont de deux sortes, les uns concernent ce que nous devons faire, les autres ce que nous devons penser. Pour apprécier et ceux ci et ceux-là, il faudra sans doute les comparer avec la vérité dont nous sommes en possession sur ces matières.

Le Spirite. Oui, Monsieur.

Le Théologien. La vérité pratique qui nous enseigne nos devoirs, c'est la saine morale; pour un chrétien, la vérité spéculative qui règle la foi, c'est le dogme. Ainsi la moralité et l'orthodoxie sont les deux caractères qui devront distinguer la parole des bons esprits et légitimer notre confiance.

Le Spirite. Je n'ai rien à dire contre cette assertion. Si c'est la vérité qu'ils nous apportent, elle ne saurait être contraire à la vérité.

(1) Par exemple, le P. de Ravignan viendra démentir ses conférences de Notre-Dame et accuser sa propre doctrine de blasphème. Le P. Lacordaire annoncera l'Eglise spirite et demandera à être évoqué chez M. Kardec. Le curé d'Ars déclarera qu'il n'a été qu'un médium... Quelle sacrilège dérision !... (V. *Révélations d'outre-tombe,* par M. et Mme Bozon, 1862).

(2) Dr Grand, *Lettre d'un catholique sur le spiritisme,* p. 62.

(3) M. Allan Kardec, *Instruct. pratique sur les manif. spir.,* art. *Communications,* et ch. III.

Le Théologien. Eh bien ! Monsieur, de bonne foi, pensez-vous que vos esprits soient fort orthodoxes ?

Le Spirite. Non pas tous, je vous l'ai dit. Mais s'il y en a qui se plaisent dans le mensonge, d'autres, et en grand nombre, s'attachent à ce qui est vrai et profitable. Voyez plutôt la morale recueillie de leur bouche. Peut-on imaginer des préceptes plus sages, des conseils plus saints, plus capables de rendre les hommes heureux ? Qu'il s'agisse de nos devoirs envers Dieu ou envers nos frères, de nos relations de famille ou de nos rapports de société, toujours les esprits dont je parle s'efforcent de nous élever au-dessus des froids calculs de l'égoïsme, des mesquins intérêts de la passion. Ils semblent n'avoir qu'un but dans tout ce qu'ils disent ; nous épurer de plus en plus de tout sentiment terrestre, et nous faire avancer dans les voies du progrès ouvertes par la Providence.

Le Théologien. Je ne suis pas aussi rassuré que vous sur le véritable dessein de ces révélations.

Le Spirite. La preuve que je ne m'abuse pas, c'est que, parmi nous, on compte un grand nombre de fervents catholiques. Ils trouvent que le spiritisme les aide à comprendre, à aimer leur religion. Plusieurs même ont entrepris de montrer l'étroite alliance qui existe entre les deux doctrines ; ils ont victorieusement réfuté les difficultés soulevées sur le prétendu désaccord qui régnait entre elles.

Le Théologien. Vous n'êtes pas difficile en fait de réfutations. Pour moi, Monsieur, j'ai lu les écrits dont vous parlez, et je demeure convaincu qu'il y a un abîme entre le spiritisme et l'Évangile.

Le Spirite. A Dieu ne plaise qu'il en soit ainsi !

Le Théologien. Si une doctrine se produisait devant vous, niant la nécessité de tout culte extérieur et de toute religion positive, enseignant que la nature suffit, et qu'il faut se borner à suivre ses indications, condamnant les conseils évangéliques, opposant aux dogmes principaux du christianisme une série de dogmes entièrement contraires, que penseriez-vous de cette doctrine ?

Le Spirite. Qu'elle est fausse et qu'elle doit être rejetée de tous les chrétiens.

Le Théologien. Vous venez de prononcer la condamnation du spiritisme.

Le Spirite. De grâce, n'allons pas si vite. Il se pourrait bien que vous prissiez pour contradictoires des affirmations qu'il s'agit seulement d'expliquer, et qui se trouveront aussitôt en parfaite harmonie.

Le Théologien. Il n'y a point d'explication possible qui rende synonymes le oui et le non. L'Évangile dit, par exemple, qu'à la *loi naturelle*, gravée dans les cœurs dès notre naissance, se joint une loi révélée qui nous impose des devoirs aussi sacrés que la première. Écoutez maintenant les esprits :

« La loi de Dieu est-elle ce qu'on appelle *loi naturelle ?* — Oui, et *c'est la seule vraie* pour le bonheur de l'homme ; elle lui indique ce qu'il doit faire ou ne pas faire, et il n'est malheureux que parce qu'il s'en écarte (1). » Voilà, d'une part, tous ceux qui sont malheureux déclarés coupables ; voilà, de l'autre, toute l'économie surnaturelle mise de côté comme un bagage inutile.

Le Spirite. Il me semble que vous êtes un peu sévère dans cette interprétation. Ne pourrait-on pas donner un meilleur sens aux paroles que vous citez?

Le Théologien. Le sens que je leur donne est le premier qui se présente à la pensée. D'ailleurs c'est un artifice des esprits de s'envelopper dans des phrases obscures et équivoques. Les simples n'y voient rien que d'inoffensif ; mais les initiés savent comprendre. Voulez-vous quelque chose de plus clair ?

On demande aux esprits si l'adoration a besoin de manifestations extérieures. — Réponse : Non, la véritable adoration est dans le cœur.

Dieu accorde-t-il une préférence à ceux qui l'adorent de telle ou telle façon? — Réponse : Dieu préfère ceux qui l'adorent du fond du cœur avec sincérité, en faisant le bien et en évitant le mal, à ceux qui croient l'honorer par des cérémonies qui ne les rendent pas meilleurs pour leurs semblables.

On demande s'il y a une forme extérieure d'adoration, de culte, plus convenable l'une que l'autre. — Réponse : C'est comme si vous demandiez s'il est plus agréable à Dieu d'être adoré dans une langue que dans l'autre (2).

Pensez-vous qu'avec une pareille doctrine on doive tenir grand compte de la messe et des autres exercices du chrétien ?

Le Spirite. Mais les esprits ne nient pas l'utilité de l'adoration extérieure, ils font même remarquer que les hommes réunis en commun ont plus de force soit pour appeler les bons esprits, soit pour adorer Dieu (3).

(1) *Le Livre des Esprits*, n° 281.
(2) *Livre des Esprits*, n° 306-308.
(3) *Ibid.*, n° 309.

Le Théologien. J'en conviens, ils nous accordent cela comme par grâce ; mais, pour eux, c'est tout au plus une question d'utilité, jamais de nécessité. Lors donc que l'Eglise nous fera une obligation de la prière liturgique, de l'assistance au saint sacrifice, le disciple des esprits répondra : Il n'y a là qu'une affaire de forme ; pourvu que j'adore Dieu dans mon cœur, on n'a pas le droit de m'en demander davantage. Lorsque les prédicateurs de l'Evangile répéteront qué, pour échapper au déluge de l'erreur, on doit se réfugier dans l'arche, que celui qui n'est pas avec Jésus-Christ est contre lui, en d'autres termes, que, pour plaire à Dieu, il faut appart nir à l'Eglise véritable ; l'homme formé à l'école des esprits répliquera que l'adoration est indépendante de la forme, que Dieu préfère *ceux qui font le bien à ceux qui croient l'honorer par des cérémonies d'où ils ne sortent pas meilleurs ;* enfin que la diversité des cultes n'a pas plus d'importance à ses yeux *que celle des langues dans lesquelles on l'adore* (1).

Avouez que nous sommes bien près de l'indifférence religieuse, telle que l'entendent les faux philosophes.

Le Spirite Je ne pense pas que les esprits voulussent y donner leur approbation, eux qui nous prémunissent toujours contre l'hérésie.

Le Théologien. Oui, mais ils ont une méthode tout à fait à eux pour vous y faire échapper. Donnons-en quelques exemples :

L'Eglise enseigne un enfer éternel ; le spiritisme, au contraire, annonce la cessation des peines, au bout d'un temps plus ou moins long. Tout homme de bon sens dira : Voilà deux doctrines contradictoires. Pas du tout, reprennent les esprits et avec eux un de leurs interprètes : « Dieu créant sans cesse, il y aura sans cesse des âmes qui s'écarteront de la voie du bien, et encourront les châtiments ; c'est en ce sens que l'enfer est éternel (2). » O docteurs des temps passés, que n'aviez vous consulté les esprits !

Autre *specimen :* la révélation nous crie que la vie est le seul temps d'épreuve assigné à l'homme, et que l'arbre restera toujours là où il sera tombé ; au contraire, le spiritisme pose comme principe la doctrine de la *réincarnation :* il admet une série indéfinie d'existences qui se succèdent. Si un cœur chrétien s'émeut en présence d'affirmations si contraires : Bagatelle, répondront les esprits ;

(1) *Le Livre des Esprits, ibid.*
(2) Dr GRAND, *Lettre d'un cathol. sur le spirit.*, p. 109.

« est-ce que la vie humaine n'embrasse pas tout le temps que l'âme est unie à un corps? Eh bien ! cette vie est multiple, et c'est là ce que la révélation a voulu dire (1). »

Y a-t-il enfin des croyances que toute la bonne volonté du monde est hors d'état de concilier, et le catholique sincère craint-il pour sa foi, écoutez la recette que lui donnent les esprits pour bannir tout scrupule : « Non, mon fils, tu n'es pas hérétique. Sonde ton cœur : Aimes-tu l'Eglise ? Respectes-tu l'Eglise ?... *Ce que tu ne peux admettre excite-t-il dans ton cœur des sentiments de révolte ou de mépris ? Es-tu parfaitement d'accord avec elle sur toutes les vérités qui te raffermissent dans le bien*, qui augmentent dans ton âme l'amour de Dieu et de tes frères ? Oui. Eh bien ! tu es catholique (2). » Voilà, n'est-il pas vrai, un nouveau procédé peu gênant pour l'orgueil, peu compromettant pour le sens particulier de chacun. Prenez dans la foi chrétienne ce qui vous convient, rejetez le reste, sans toutefois le mépriser; dans ces conditions, vous serez parfaitement orthodoxe.

Le Spirite. Monsieur, ce n'est pas ainsi que je prétends l'être. Mais ne m'avouerez-vous pas que les esprits peuvent expliquer certains dogmes obscurs et nous en donner une nouvelle intelligence?

Le Théologien. Par exemple, d'après leur explication, le péché originel ne sera plus pour chacun de nous que l'ensemble des fautes commises dans une existence précédente ; l'immaculée conception de Marie signifiera simplement l'innocence conservée par elle dans une vie qu'elle avait menée avant de naître d'Anne et de Joachim. Il y a longtemps, Monsieur, que ces erreurs se sont produites pour la première fois, et qu'elles ont été solennellement réprouvées. Origène avait rêvé ce que disent aujourd'hui ceux que vous prenez pour maîtres. Origène fut considéré comme hérétique, et quinze siècles chrétiens ont confirmé cette sentence.

Le Spirite. S'il en est ainsi, je m'abstiendrai de dogmatiser avec les esprits. Pour moi *le spiritisme n'est qu'une morale* (3).

Le Théologien. Une morale ! mais pensez-vous que les esprits, qui vous trompent sur les croyances, soient bien propres à vous édifier pour ce qui regarde les mœurs ?

(1) *Ibid.*, p. 93.
(2) *Ibid.*, p. 68.
(3) *Le Livre des Médiums*, p. 483. 1re édit.

Le Spirite. Oh ! quant à cela, Monsieur, la doctrine est irréprochable. On pourrait vous mettre au défi d'y signaler une proposition, je ne dis pas scandaleuse, mais qui s'écarte tant soit peu de la sainteté de l'Evangile.

Le Théologien. Puisque vous me jetez le gant, je le relève. On pose aux esprits cette question : l'indissolubilité du mariage est-elle dans la loi de nature ou seulement dans la loi humaine ? Ils répondent : « C'est une loi humaine très contraire à la loi de nature. Mais les hommes peuvent changer leurs lois ; celles de la nature sont immuables (1). » Que dites-vous de cet enseignement des esprits en plein christianisme et en plein xix° siècle ? Apparemment, ils sont de ceux qui veulent provoquer une loi sur le divorce. Et vous appelez leur morale irréprochable !

Le Spirite. Ce n'est là qu'une réponse isolée, donnée sans doute par quelque esprit inférieur, qui se sera malicieusement mêlé parmi les autres.

Le Théologien. Et pourtant je la trouve dans un livre *écrit sous la dictée des esprits supérieurs et publié par leur ordre.* D'ailleurs, elle est étroitement enchaînée à tout le reste. Nous lisons en effet au même endroit que le célibat n'est *point de sa nature un état de perfection*, quoiqu'on lui fasse grâce quand il est embrassé *par dévouement pour l'humanité* (2). Un peu plus loin, la retraite, le silence sont condamnés comme un raffinement d'égoïsme, et le vœu qu'on en fait, comme *une sottise* (3). Considérez attentivement les assertions des esprits, vous les trouverez à chaque pas en contradiction avec celles de la foi. Seulement, pour donner le change, tout cela est accompagné de belles maximes qui semblent n'inculquer que l'amour de la vertu et le zèle de la perfection. Mais, qu'on ne s'y trompe pas, il y a un but caché. Je ne crains pas d'affirmer que l'apparition des esprits est une levée de boucliers contre le christianisme.

Le Spirite. Monsieur, vous exagérez. S'il en était ainsi, les esprits ne professeraient pas le respect profond dont ils font preuve pour la personne de Jésus.

Le Théologien. D'où vient qu'ils s'expliquent d'une manière si équivoque sur son caractère ? Que Jésus soit le sage par excellence, un modèle accompli de vertu, ils l'accordent assez volontiers ; mais qu'il soit Dieu, voilà

(1) *Le Liv. des Esprits*, n° 336.
(2) *Liv. des Esprits*, n° 334,
(3) *Ibid.*, n° 381-386.

ce qu'ils ne veulent pas entendre. Si l'on cite une ou deux réponses où ils ont semblé confesser sa divinité (1), nous en trouvons un bien plus grand nombre où ils la nient. Or, c'est là pour nous la pierre de touche; car, comme dit saint Jean : Tout esprit qui brise en Jésus le nœud hypostatique, n'est pas de Dieu; celui-là est l'adversaire du Christ, dont vous avez entendu dire qu'il vient et qu'il est déjà dans le monde (2).

Le Spirite. Du moins, je dois reconnaître comme venant de Dieu les esprits qui *confessent Jésus* : c'est ce que proclame l'apôtre au même endroit (3).

Le Théologien. Il y a bien des manières de confesser le Christ. Les démons, en sortant du corps des possédés, ne lui disaient-ils pas : *Nous vous reconnaissons pour le Saint de Dieu* (4) ? Et cela ne les empêchait pas d'être des esprits impurs, parce que cette profession de foi était forcée ou qu'elle ne tendait qu'à tromper les hommes. Quel crédit pourrait avoir auprès des chrétiens la nouvelle doctrine, si elle se posait ouvertement comme contraire à l'Evangile ? Les esprits sont trop habiles pour en user de la sorte. Ce qu'ils disent de vérités doit servir à pallier ce qu'ils en taisent et ce qu'ils en défigurent. Leur plus grande chance de succès serait s'ils venaient à nous persuader que la doctrine apportée par eux n'a rien absolument d'incompatible avec le catholicisme.

Le Spirite. J'ai trouvé une foule de personnes dans cette persuasion, et j'avoue que moi-même j'y avais été jusqu'à

(1) Il y en a quelques-unes de cette nature dans les *Révélations d'outre-tombe* publiées par M. et Mme Bozon ; rien ne semble plus catholique de prime abord, mais c'est pour aboutir à des assertions comme celles-ci :

« L'Esprit du Dieu fait homme est le *fluide* de son Père : car il devait *être la substance même de la divinité* pour y participer. — Toute la création, qui comprend ciel, terre, hommes, animaux, tout enfin, qu'est-elle ? Le fluide du Créateur. — Mais le fluide qui forma l'Homme-Dieu fut à la fois *fluide et puissance*; il fut non créé, mais *Dieu incarné, créature et Créateur* : créature pour la forme terrestre, Créateur, car il resta Dieu, le Dieu du ciel et de la terre, le Dieu unique, mais dont l'Esprit se fit Trinité. » (P. 42.) Comprenne qui pourra ! mais, à coup sûr, c'est loin d'être orthodoxe.

(2) *Omnis spiritus qui solvit Jesum ex Deo non est. Hic est antichristus, de quo audistis quoniam venit et nunc jam in mundo est* (I Joan. IV, 3).

(3) *Omnis spiritus qui confitetur Jesum Christum in carne venisse ex Deo est* (Ibid.)

(4) *Scio qui sis Sanctus Dei* (Marc. I, 24.)

ce jour. Les réflexions que vous venez de faire commencent à ébranler ma conviction. Pourtant, Monsieur, j'aurais encore une observation à vous présenter. Mais j'ai peur qu'en votre qualité de théologien, vous ne la trouviez un peu hardie.

Le Théologien. Monsieur, entre nous il ne saurait y avoir de péril ; et du moment que vous cherchez sincèrement à vous éclairer, mon devoir est d'entendre tous vos doutes.

Le Spirite. Eh bien, puisque vous le voulez, voici ce que je me dis quelquefois. Dieu, en créant le monde, l'a soumis à la loi du progrès. La révélation, elle aussi, a suivi une marche ascendante ; car la lumière accordée aux premiers patriarches a grandi dans la législation mosaïque, et les vérités contenues dans l'Ancien Testament ont été singulièrement développées dans l'Evangile. Pourquoi ne serions-nous pas arrivés à une époque où la révélation entrerait, pour ainsi dire, dans une nouvelle phase ? D'abord il y a eu le règne du Père ; à ce règne correspondait une loi chargée d'observances matérielles et restreinte à un seul peuple. Ensuite est venu le règne du Fils ; nous avons eu un code plus épuré, un culte plus spirituel, une diffusion de charité plus abondante et plus large. Nous est-il défendu d'attendre maintenant le règne de l'Esprit, c'est-à-dire une religion moins asservie à la lettre, moins dépendante de pratiques extérieures, se concentrant davantage dans le cœur de l'homme, tandis que sa vaste unité embrassera tous les peuples ? Cette religion, le monde paraît la pressentir, et il semble que son heure soit arrivée. Le christianisme la porte peut-être dans ses flancs, comme autrefois le mosaïsme, avec ses prophéties et ses promesses du Rédempteur, contenait en germe l'Evangile. Du moins la loi d'expansion à laquelle tout obéit ici-bas nous autorise, ce semble, à pronostiquer ce développement.

Le Théologien. Je le vois, vous êtes de votre siècle. Voilà bien les idées qui remplissent aujourd'hui l'atmosphère ; nous les aspirons comme malgré nous, et elles tendent à corrompre dans les cœurs jusqu'aux premiers éléments de la foi. Car enfin, dites-moi, si la religion que vous espérez, et que sans doute les esprits vous apportent, était un développement de la révélation, comment se trouverait-elle en opposition flagrante avec elle ?

Le Spirite. Mais, Monsieur, il y a des oppositions qui ne sont qu'apparentes. La science, par exemple, a plus d'une fois modifié le sens qu'on avait donné jusque-là à certaines expressions de l'Ecriture. Josué dit que le soleil s'arrêta, nous savons aujourd'hui que ce fut plutôt la terre qui demeura immobile ; et personne ne voit là une difficulté. Cependant la première fois que cette idée fut émise, quels anathèmes ne valut-elle pas à ses auteurs ! Or, qui peut dire qu'il n'en sera pas de même pour les assertions du spiritisme ? Nous y voyons une contradiction ; d'autres mieux avisés n'y verront qu'une nouvelle et plus saine interprétation (1).

Le Théologien. Tant qu'on reste dans le vague des théories générales, je conçois que ces idées puissent faire illusion à quelques esprits de bonne foi, mais il n'en est plus de même du moment qu'on essaye d'appliquer ces principes. Sans doute, l'intelligence des dogmes et de l'Ecriture peut avec le temps s'éclairer, devenir de jour en jour plus pleine, plus complète ; mais c'est à la condition de ne pas mettre une affirmation à la place d'une négation ou réciproquement Jésus-Christ n'a rien contredit de la révélation mosaïque, il l'a, au contraire, confirmée, perfectionnée (2). Les esprits pourraient-ils en dire autant par rapport au christianisme ? Au risque d'être accusé d'un peu de partialité, laissez-moi vous citer une page d'un livre récent qui résume assez bien l'état des choses :

« Sauf la croyance en Dieu qui est commune, c'est à peine si l'on peut trouver un seul dogme où les deux doctrines soient d'accord. Sur la divinité de Jésus-Christ, les esprits ont varié. Parfois ils ont paru l'admettre sans doute », quand ils parlaient à des chrétiens bien décidés. « le plus souvent ils l'ont niée, représentant le Christ comme un esprit plus pur, plus parfait que ceux qui ont paru jusqu'ici, mais non d'une autre nature. Le péché originel, tel qu'ils l'expliquent, n'est plus celui qu'enseigne l'Ecriture ; ils appellent ainsi les fautes commises dans une prétendue existence antérieure, fautes que nous sommes censés expier dans la condition présente. La Rédemption est réduite à rien, l'Eglise est supprimée, mais surtout la vie future change entièrement d'aspect. On conserve de nom l'immortalité ; de fait, ce n'est qu'une permanence des âmes sans identité morale et sans conscience du passé. »

En effet, Monsieur, qui de nous se souvient d'avoir

(1) Cf. Dr Grand, p. 111. — M. KARDEC, *Le Spirit.*, p. 24.
(2) *Nolite putare quoniam veni solvere legem et prophetas, non veni solvere sed adimplere* (Matth. V, 17).

vécu il y a deux cents ans ? Que me sert d'être immortel si je ne me reconnais plus moi-même ? Voilà pourtant votre dogme principal, celui de la réincarnation. Je continue : « Au lieu d'une seule épreuve, suivie d'une récompense ou d'une peine définitive (comme l'enseigne la foi), c'est une succession d'existences à travers lesquelles le libre arbitre, malgré ses déviations, est comme fatalement entraîné par la loi du progrès ; la perfection n'est plus l'œuvre d'une volonté maîtresse de ses destinées, ni le bonheur la récompense du mérite. » C'est clair puisqu'on y arrive toujours. « L'enfer est détruit » : il consiste seulement à retourner dans une vie corporelle ; « le purgatoire change complètement de nature » : il se confond avec ce prétendu enfer ; « même au point de vue purement philosophique, la sanction disparaît : car il est absurde que chacun de nous porte la peine de crimes dont il n'a aucun souvenir, aucun moyen de se prouver à soi-même la réalité (1) ». Qu'en pensez-vous ?

Le Spirite. Je pense, comme vous, que des doctrines si diverses sont fort difficiles à concilier. Mais enfin, Monsieur, autres temps, autres mœurs. L'époque à laquelle nous vivons ne ressemble guère aux précédentes. Dieu voit que la plupart des hommes s'éloignent des vieilles croyances. Ne peut-il pas vouloir nous donner une nouvelle révélation plus appropriée à l'état des esprits et plus en rapport avec les besoins des âmes ?

Le Théologien. Dieu ne peut jamais révéler l'erreur. Si, sur un même sujet, il a dit d'abord d'une manière, et qu'aujourd'hui il s'exprime d'une façon toute opposée, il faudra bien qu'il ait menti une des deux fois.

Le Spirite. Ceci me paraît juste. Je ne vois vraiment plus comment nos auteurs espèrent établir l'accord du spiritisme avec l'Evangile. Du reste, quant à moi, tout cela ne me touche guère ; je ne cherche point dans les communications des enseignements religieux ; et, si je fréquente les esprits, ce n'est pas précisément dans le dessein de leur emprunter de nouvelles lumières.

Le Théologien. Pourquoi donc allez-vous les consulter ?

Le Spirite. Pour avoir le plaisir de retrouver ceux que j'aime. Après tout, si, comme vous le dites, il y a quelque danger d'être trompé, est-ce que le seul espoir de rencontrer ces chères âmes ne vous semble pas un motif suffisant d'user des moyens si simples qu'on nous donne ?

(1) A. Mɪᴛᴀɪɢɴᴏɴ. — *La Question du surnaturel*, p. 136.

Le Théologien. Mais si ces moyens sont réprouvés par la conscience ?

Le Spirite. Comment, Monsieur ? Rien de plus innocent. Poser les mains sur une table, prendre un crayon et une feuille de papier, ou bien interroger ceux qui font ces choses, sont-ce là des crimes à vos yeux ?

Le Théologien. Monsieur, il y aura beaucoup à dire sur cet article. Si vous m'en croyez, nous le renverrons à notre prochain entretien. En attendant, j'aime à croire que le spiritisme considéré comme doctrine ne vous semble plus irréprochable. S'il devait jamais s'implanter dans le monde, ce serait une hérésie, et de la pire espèce, une de ces hérésies qui s'attaquent aux fondements mêmes de nos croyances et qui ne tardent pas à déchaîner toutes les passions, parce qu'elles ont d'abord bouleversé toutes les idées.

III° ENTRETIEN

LES PROCÉDÉS

Le Théologien. Eh bien ! Monsieur, sommes-nous définitivement d'accord sur l'impossibilité de décerner au spiritisme un brevet d'orthodoxie ?

Le Spirite. Telle qu'elle est présentée dans plusieurs de nos livres, la doctrine des esprits s'écarte évidemment de la foi catholique. Mais, je l'ai dit et je le répète, ceci n'a pour moi qu'une très médiocre importance.

Le Théologien. Comment ! les esprits mentent et vous ne vous en inquiétez pas ?

Le Spirite. Rien ne m'oblige à croire que toutes les expériences ont été bien faites. Qui sait si l'on n'a pas pris le change sur le caractère de ceux qui parlaient ?

Le Théologien. Voilà bien ce que j'avais l'honneur de vous dire. Si les gros bonnets du spiritisme s'y trompent, le vulgaire pourra-t-il jamais s'y retrouver ?

Le Spirite. Quant à moi, je n'accepte aucune solidarité avec personne. Les communications que j'obtiens, tout en faisant moins de fracas, n'en sont que plus sûres.

Le Théologien. De quelle manière vous y prenez-vous ?

Le Spirite. De la manière la plus simple. Tantôt j'impose les mains à une table, et elle me répond ; tantôt je prends un crayon, et, me mettant sous l'influence de l'esprit, j'écris sous sa dictée.

Le Théologien. Avez-vous alors conscience de ce que votre main trace sur le papier ?

Le Spirite. Quelquefois oui, quelquefois non. Mais dans les deux cas, je sens très bien que ce que j'écris n'est pas de moi, et que c'est un autre qui parle.

Le Théologien. Allez-vous aussi aux réunions de vos confrères et aux séances publiques?

Le Spirite. Oui, Monsieur, et j'avoue que je suis profondément édifié de ce que j'y vois. On débute toujours par la prière. Tout ce que l'on fait, c'est au nom de Dieu. Et puis on y entend des choses si belles, si touchantes ! Écoutez, par exemple, cette communication obtenue dernièrement à Metz :

« La prière est une aspiration sublime à laquelle Dieu a donné un pouvoir si magique, que les esprits la réclament pour eux constamment. Tendre rosée qui est comme un rafraîchissement pour le pauvre exilé de la terre... Priez : c'est un mot descendu du ciel, c'est la goutte de rosée dans le calice d'une fleur, c'est le soutien du roseau pendant l'orage, c'est la planche du pauvre naufragé pendant la tempête, c'est l'abri du mendiant et de l'orphelin, c'est le berceau de l'enfant pour s'endormir. Émanation divine, la prière est ce qui nous relie à Dieu par le langage, c'est ce qui l'intéresse à nous; le prier c'est l'aimer; l'implorer pour son frère c'est un acte des plus méritoires (1). »

Je voudrais vous citer tout le reste, tellement ce morceau me paraît ravissant.

Le Théologien. Voulez-vous me le laisser parcourir des yeux ?

Le Spirite. Bien volontiers.

Le Théologien. L'esprit qui a dicté ceci avait certainement lu *la Religion naturelle* de M. Jules Simon.

Le Spirite. Que voulez-vous dire ?

Le Théologien. Je dis que cet esprit est pour le moins rationaliste. Écoutez plutôt :

« La prière agit directement sur l'esprit qui en est le but, elle ne change pas ses épines pour des roses, elle ne modifie pas sa vie de souffrances, — *ne pouvant rien sur la volonté immuable de Dieu,* — qu'en lui imprimant cet essor de volonté qui relève son courage, en lui donnant la force pour lutter contre les épreuves et les dominer (2). »

Ce qui signifie, en meilleur français, que la prière agit non pas sur Dieu, mais sur l'homme ; elle n'obtient rien de la volonté divine, puisque celle-ci est immuable, mais elle modifie notre volonté en l'élevant au-dessus d'elle-même. Voilà votre théorie. Maintenant prenez l'ouvrage

(1) *Le Spiritisme à Metz,* p. 6.
(2) *Ibid.* Cf. *Le Liv. des Espr.,* l. II, c. II, n. 310 et suiv.

que je viens d'indiquer, lisez dans la IV° partie le chapitre 1er qui concerne la prière, vous me direz ensuite qui il faut féliciter : ou M. Jules Simon, de se trouver si bien d'accord avec les esprits; ou les esprits, de répéter fidèlement les leçons d'un si grand philosophe.

Le Spirite. Vous voulez rire.

Le Théologien. Pas du tout, cette observation est très sérieuse. Les esprits visent à la popularité, et ils ne peuvent mieux faire que d'entrer dans les idées qu'on accepte le plus facilement à notre époque. Aussi remarquons-nous qu'ils n'y manquent jamais, c'est ce que montre tout l'ensemble de leur doctrine.

Le Spirite. Mais où prétendez-vous en venir ?

Le Théologien. A ceci : concevant ainsi la prière, vous ne sauriez prendre acte de celle que vous faites pour affirmer que l'esprit évoqué vient au nom de Dieu.

Le Spirite. Je ne vous comprends pas.

Le Théologien. Rien n'est pourtant plus simple. Si la prière que vous adressez à Dieu n'influe en rien sur sa volonté, pourquoi vous flattez-vous qu'en sa considération il vous enverra un bon esprit?

Le Spirite. C'est que par là nous méritons de l'obtenir.

Le Théologien. Très bien ; mais la volonté divine étant immuable, c'est-à-dire, selon vous, insensible à tout ce qui vient de l'homme, votre mérite ne peut pas plus la modifier que votre prière. En outre, pensez-vous que la demande adressée par vous soit agréable à Dieu ?

Le Spirite. Et pourquoi pas ?

Le Théologien. D'abord, ce que vous réclamez, c'est un miracle.

Le Spirite. C'est du moins un fait extranaturel ou, si vous l'aimez mieux, surnaturel, j'en suis d'accord (1).

Le Théologien. Et ce miracle ou ce fait extranaturel, vous 'e demandez moins que vous ne l'exigez par une sorte de commandement.

(1) Le disciple paraîtra s'écarter ici de la doctrine du maître et parler comme le vulgaire. M. Allan Kardec soutient que les faits spirites ne sont que des phénomènes naturels (*Liv. des médiums*, ch. II). Mais quelle que soit cette divergence d'idées, le raisonnement de l'adversaire conserve toute sa force, car la question n'est pas de savoir si l'esprit vient naturellement ou d'une manière merveilleuse, mais bien si l'on a droit de compter sur sa venue et de l'attendre au nom de Dieu. Du reste, nous avons suffisamment expliqué ailleurs ce qu'il faut entendre par *naturel*, *surnaturel* et *préternaturel* (V. *la Question du Surnaturel*, 1re partie).

Le Spirite. Le commandement s'adresse à l'esprit.

Le Théologien. Oui, au nom de Dieu, que vous faites sans cesse intervenir. Or, ce droit de commander aux esprits de la part de Dieu, de qui le tenez-vous?

Le Spirite. Mais il me semble qu'il ne peut venir que de Dieu lui-même.

Le Théologien. Qui vous prouve que Dieu vous l'a conféré?

Le Spirite. L'expérience.

Le Théologien. Permettez. L'expérience ne saurait rien démontrer ici. Vous posez le commandement, le résultat se produit. Voilà le fait. Maintenant, au nom de qui l'esprit est-il venu, c'est la question qui reste à éclaircir.

Le Spirite. Monsieur, l'esprit ne peut venir qu'avec la permission de Dieu.

Le Théologien. Venir avec la permission de Dieu et venir *au nom de Dieu* sont deux choses bien différentes. L'esprit qui trompait Achab, en mettant le mensonge dans la bouche de ses prophètes, venait avec la permission de Dieu; car le Seigneur lui avait répondu : « Tu l'abuseras et tu prévaudras; va et fais comme tu as dit (1). » Ah! Monsieur, que de fois j'ai tremblé que vous et ceux qui vous imitent vous ne soyez victimes d'une déception semblable?

Le Spirite. C'est impossible. Dieu sait que nos intentions sont droites, il ne saurait souffrir qu'un esprit menteur se présente sous le couvert de son nom, et se prévale de notre religion pour en imposer à notre bonne foi.

Le Théologien. Prenez garde de mettre sans motif la religion en cause ; si vous êtes dans l'illusion, vous ne devez l'imputer qu'à vous.

Le Spirite. Comment cela, s'il vous plaît?

Le Théologien. De tout temps il y a eu certaines contrefaçons des actes religieux contre lesquelles le christianisme s'est efforcé de nous prémunir. C'est ce qu'on appelle divination, culte superflu, vaine observance, ou plus généralement superstition.

« Il y a superstition, dit Mgr Gousset, lorsqu'on invoque d'une manière expresse ou tacite le secours du démon pour connaître les choses cachées, occultes, secrètes, dont

(1) *Egressus est spiritus et stetit coram Domino et ait : Ego decipiam illum. Cui locutus est Dominus : In quo? Et ille ait : Egrediar et ero Spiritus mendax in ore omnium prophetarum ejus. Et dixit Dominus : Decipies et prævalebis, egredere et fac ita.* (III Reg. xxii, 22).

nous ne pouvons acquérir la connaissance par des moyens naturels... On distingue deux manières d'invoquer le démon, l'une expresse, l'autre tacite. L'invocation est expresse quand on l'invoque nommément sous une dénomination quelconque. Elle est tacite, quand on cherche à connaître une chose par des moyens que l'on sait ne pouvoir nous procurer naturellement cette connaissance (1). »

Remarquez, Monsieur, ces derniers mots, et voyez bien si on ne les doit pas appliquer à ce qui se passe dans les expériences du spiritisme.

Le Spirite. Je vous assure que parmi nous personne ne pense à invoquer l'esprit impur.

Le Théologien. J'aime à le croire, d'autant plus que, aux yeux de vos docteurs, le démon semble n'être qu'un mythe (2). Mais pour que cette invocation existe, il n'est pas nécessaire d'y penser.

Le Spirite. En quoi ! vous voulez nous rendre responsables de ce que nous n'avons ni dans l'esprit ni sur les lèvres ?

Le Théologien. Outre le langage de la parole, il y a encore celui des actions. Quand on prend certains moyens dans le but d'obtenir un effet déterminé, n'est-ce pas comme si on disait que l'on veut ce résultat ?

Le Spirite. Sans doute.

Le Théologien. Et si les moyens adoptés n'ont aucun rapport naturel avec l'effet que l'on désire, n'est-il pas clair qu'on l'attend d'une intervention étrangère ?

Le Spirite. Cela va sans dire.

Le Théologien. Vous ne soutiendrez pas qu'il y ait une relation naturelle entre l'imposition de vos mains sur une table et la présence d'un esprit, entre le crayon que vous tenez entre vos doigts et la révélation de ce qui se passe dans l'autre monde ?

Le Spirite. Non, Monsieur, je l'ai dit, c'est une opération surnaturelle.

Le Théologien. Reste donc à savoir de qui vous attendez cette opération.

Le Spirite. Nous l'attendons de l'esprit lui même.

Le Théologien. Alors, pourquoi invoquer Dieu ?

Le Spirite. Quand je dis que nous l'attendons de l'esprit,

(1) Mgr Gousset. *Théol. morale, du Décalogue,* n. 418.

(2) Cf. *Instruct. pratiq. sur les manif. spirit.,* aux mots *Démon* et *Satan.* « Selon la doctrine spirite, Satan n'est point un être distinct, c'est la personnification du mal et de tous les mauvais esprits. » *(Ibid. et Liv. des Esprits,* n. 62, etc.)

ce n'est pas pour exclure l'action divine; puisqu'elle est toujours la cause première de tout ce qui est bon.

Le Théologien. Vous convenez donc que votre opération n'est légitime que si elle a pour principe la volonté, le bon plaisir de Dieu?

Le Spirite. Bien entendu.

Le Théologien. Nous y voilà. Moi je vous conteste précisément que vous ayez le droit d'attribuer à Dieu un effet semblable.

Le Spirite Quelles sont vos raisons?

Le Théologien. Dieu est l'auteur de la nature et le dispensateur de la grâce. Tout ce qu'il accomplit il le fait à l'un de ces deux titres. D'après vous, dans le cas présent il n'agit pas simplement comme auteur de la nature, car vous avouez que le phénomène est en dehors des lois naturelles.

Le Spirite. C'est évident. Pourtant il faut bien dire que nous ne connaissons point la portée de toutes les forces cachées au sein de la création.

Le Théologien. Il n'est pas besoin que notre science aille jusque-là. Nous voyons ici intervenir une intelligence; cette intelligence n'anime habituellement ni la table, ni le crayon, ni aucun des objets dont on se sert pour avoir ses réponses. Quand elle fait mouvoir toutes ces choses, il est bien clair, que c'est un effet qui sort de l'économie habituelle.

Le Spirite. Je vous accorde cela. D'un autre côté, je ne voudrais pas dire que Dieu agisse alors précisément comme auteur de la grâce.

Le Théologien. Cependant plusieurs de vos esprits ne reculent pas devant cette expression (1). Quant à nous, prenons-en une autre, et disons qu'il devrait agir alors comme auteur d'un ordre extranaturel.

Le Spirite. Très bien.

Le Théologien. Pour que nous soyons en état d'attendre un effet extranaturel ou surnaturel de tel ou tel moyen, il faut de deux choses l'une : ou que cet effet en découle comme de lui-même, ou qu'une promesse divine soit intervenue. Vous allez me comprendre. A la prière est attaché le secours de Dieu, soit dans l'ordre de la nature, soit dans l'ordre de la grâce : car il est tout simple qu'un père se laisse fléchir par les supplications de ses enfants; aussi, quand nous attendons ce secours, notre espérance n'est ni vaine ni téméraire. Mais il y a d'autres cas où

(1) *Liv. des Esprits*, liv. II, ch. I.

une parole positive est indispensable pour expliquer notre foi. Quel rapport, par exemple, entre l'eau du baptême et l'amitié divine, entre la formule prononcée par un homme et le pardon accordé par le Ciel ? Ici c'est l'institution du sacrement qui justifie notre confiance. Seule la promesse de Jésus-Christ pouvait créer un lien entre des choses si diverses. Je demande donc en vertu de quelle institution, sur l'autorité de quelles promesses vous attendez des pratiques employées par un médium la présence d'un esprit venant au nom de Dieu.

Le Spirite. Quand je ne pourrais vous répondre, je ne vois pas en quoi vous triompheriez : car, à mon tour, ne puis-je demander en vertu de quelle promesse nous attendrions les mêmes choses de l'esprit mauvais ?

Le Théologien. Oh ! il n'y a point de parité à établir. Celui qui, d'après l'Évangile, est le père du mensonge et le prince des ténèbres ne fait point tant de cérémonies, il est toujours prêt à intervenir, du moment qu'il trouve une porte ouverte.

Le Spirite. Mais quelle serait celle que nous serions censés lui ouvrir ? Dans ce qui se passe chez nous, vous trouvez une invocation formelle de Dieu ; pour le démon, il n'y en a aucune, ni expresse ni sous-entendue.

Le Théologien. D'invocation expresse, non, si ce n'est de la part de ceux qui recourent, comme ils disent, à *la petite évocation* dans les cas difficiles. Mais l'appel tacite existe par le fait même que vous voulez un effet surnaturel, et que vous n'avez aucun motif de l'attendre de Dieu. Car, comme il n'y a que deux puissances qui soient capables de le produire, si l'une s'y refuse, si elle ne vous autorise pas à l'espérer, il faut bien pour l'obtenir que vous vous tourniez du côté de l'autre. Sans compter qu'il peut y avoir un pacte, que vous ne connaissez pas, et dont vous remplissez les conditions sans le savoir.

Le Spirite. Comment prouverez-vous que Dieu se refuse à faire ce que nous demandons ?

Le Théologien. La preuve en est dans toute l'Écriture. Dès le temps de Moïse, Dieu avait défendu d'évoquer les morts pour leur demander la vérité, déclarant que cette pratique était en abomination à ses yeux (1). Aussi la loi avait prononcé contre elle les châtiments les plus sévères. On sait que Saül extermina tous ceux qui s'y livraient, jusqu'au moment où il voulut lui-même y recourir, ajou-

(1) *Nec inrentatur in te qui quærat a mortuis veritatem. Omnia hæc abominatur Dominus* (Deut. xviii, 11, 12).

tant à ses fautes précédentes cette dernière faute ; d'où il arriva que l'ombre de Samuel lui apporta une réponse de mort (1). Le christianisme ne s'est pas montré moins énergique pour réprouver ces communications partout où il les a rencontrées. La nécromancie, sous quelque forme qu'elle se présentât, y a toujours été considérée comme illicite et sacrilège.

Le Spirite. Pourtant, Monsieur, nous lisons dans les histoires de nos saints bien des conversations qu'ils ont eues avec les âmes des défunts.

Le Théologien. Vous n'en trouvez pas une seule qu'ils aient cherchée, comme vous, par des moyens superstitieux. Sur l'ordre de Dieu, les âmes ont pu leur apparaître, soit pour leur faire part de leur gloire, si elles étaient bienheureuses, soit pour réclamer leurs prières, si elles étaient souffrantes. Mais dans ces communications le Ciel avait l'initiative. Point d'intermédiaires factices, point d'instruments bizarres ni de conventions arbitraires, rien à quoi on attachât une vertu secrète ou qui sentit un pacte conclu avec des puissances mystérieuses.

Le Spirite. Je puis bien vous affirmer qu'il n'y a chez nous aucun pacte. Les moins chrétiens n'y croiraient pas, les autres en auraient horreur.

Le Théologien. Monsieur, j'ai une question à vous adresser. Pourriez-vous, s'il vous plaît, m'expliquer comment il se fait qu'un infidèle, qui ne croit ni en Dieu ni à l'Église, baptise néanmoins réellement, s'il verse de l'eau sur la tête d'un enfant en prononçant les paroles sacrées?

Le Spirite. Je sais que tel est l'enseignement du catéchisme. Il faut donc dire que la grâce est attachée à ce rite, quelle que soit la croyance de celui qui l'emploie. Cependant, si je ne me trompe, il doit avoir l'intention générale de faire ce que fait l'Église.

Le Théologien. Oui, c'est cela. Cette intention suffit pour faire entrer un instant l'infidèle dans la pensée même de Jésus-Christ, et lui faire accomplir une œuvre toute surnaturelle. Or, maintenant, sachez que le démon parodie les œuvres de Dieu. Lui aussi a ses sacrements, c'est-à-dire des rites, des observances, auxquels sont attachés certains effets dont il est l'auteur. Quiconque se met dans les conditions qu'il a déterminées, se trouve par là même identifié avec lui pour l'effet à produire, quelles que soient d'ailleurs ses idées et ses croyances. Voilà ce qui

____

(1) I Reg., xxviii.

existe dans une foule de pratiques magiques superstitieuses. En est-il de même des faits du spiritisme ? Cela paraît fort vraisemblable, et j'avoue que je suis assez porté à le croire.

Le Spirite. Mais, si l'on n'a vraiment, nulle intention d'avoir des relations avec les esprits impurs ?...

Le Théologien. Vous avez toujours le dessein de lier conversation avec ceux qui voudront venir, et que vous ne connaissez pas d'une manière certaine. C'en est assez pour que ce commerce vous soit imputé comme volontaire.

Le Spirite. Il y a des opérateurs qui protestent avec énergie qu'ils ne veulent à aucun prix se trouver en contact avec le démon.

Le Théologien. J'ai entendu dire que, quand cette protestation est absolue, elle enchaîne toute la puissance des médiums et met obstacle aux expériences. Mais plusieurs, tout en protestant, se rétractent équivalemment par leurs actes, puisqu'ils continuent à désirer, à appeler les mystérieux interlocuteurs.

Le Spirite. Vous me dites là, Monsieur, des choses bien étranges. Selon vous, les pratiques dont nous parlons seraient donc une sorte de sacrement diabolique, qui aurait la vertu de produire les phénomènes spirites, à peu près comme le baptême produit la grâce ?

Le Théologien. Je n'affirme pas qu'il en soit ainsi, mais je dis que nous avons tout sujet de le craindre. Car enfin ces pratiques ont une vertu ; cette vertu n'est ni naturelle, ni divine. Alors veuillez bien, je vous prie, me la définir.

Le Spirite. Ce serait la première fois qu'on aurait vu chose pareille.

Le Théologien. Non, non, détrompez-vous. A toutes les époques, la magie a eu ses rites plus ou moins compliqués, souvent tout à fait semblables à ce que nous voyons aujourd'hui. Est-ce que vous n'avez pas connaisance des ce texte fameux de Tertullien, qui reprochait aux magiciens de son temps de faire parler les tables ?

Le Spirite. On m'en a dit vaguement quelque chose ; j'aimerais l'entendre citer d'une manière plus précise.

Le Théologien. Tertullien, pour expliquer les faits qui se produisaient de son temps. recourt à la théorie même que je viens d'émettre. Il suppose une invitation adressée aux mauvais esprits une fois pour toutes, ensuite on n'a plus qu'à renouveler les signes de convention pour voir les âmes des morts revenir et les tables annoncer les choses

cachées (1). Voilà ce que pensaient les premiers chrétiens, Voilà ce que disaient les Pères.

Le Spirite. Après tout, ceci ne regarde que les médiums
et ceux qui leur commandent; mais du moment que je
me borne à consulter, je suis absolument en dehors de
tout danger de mal faire.

Le Théologien. Il y a une solidarité étroite entre celui
qui adresse la question et celui qui procure la réponse.
D'abord le premier est cause par rapport à l'acte du second; ensuite lui-même est mis en contact avec l'esprit
auquel il parle par cet intermédiaire. Si la conversation est satanique, il est clair que chacun des interlocuteurs y a sa part et s'y trouve mêlé pour son propre
compte. Puis, quand vous forcez le démon à parler, vous
devenez en quelque sorte l'obligé du démon. Vous vous
soumettez à son action, vous lui accordez sur votre personne une certaine puissance dont il n'est pas toujours
facile de calculer la portée.

Le Spirite. Tout cela me paraît bien sévère, et malgré
l'autorité qu'a pour moi votre parole, j'aimerais à savoir
si d'autres partagent ces idées.

Le Théologien. Les idées que j'exprime sont celles des
pasteurs chargés de veiller au dépôt de la foi. La sacrée
Congrégation de l'Inquisition dénonce ces femmes « au
tempérament débile qui, livrées aux prestiges du som-
nambulisme et de ce qu'on appelle la *claire intuition,*
prétendent voir toutes sortes de choses invisibles, et s'ar-
rogent, dans leur audace téméraire, la faculté de parler
sur la religion, d'évoquer les âmes des morts, de recevoir
des réponses, de découvrir des choses inconnues ou éloi-
gnées ».

Puis elle ajoute :

« L'application de principes et de moyens purement physiques pour obtenir des effets qui ne soient point naturels
est une déception illicite et qui tient à l'hérésie (2). »

Voici maintenant le commentaire que fait de ces paroles un éminent évêque, parlant à tous les prêtres de
son diocèse.

« Cette décision, rapprochée de plusieurs autres prin-

(1) Tertull., *Apol.* xxiii. *Magi phantasmata edunt et jam de
functorum infamant animas... habentes semel invitatórum
angelorum et dæmonum assistentem sibi potestatem, per quos
et capræ et mensæ divinare consueverunt.*

(2) Encyclique de la Congrég. de l'Inquisit., *Sur les abus du
magnétisme.*

cipes, qui sont certains par l'Écriture et par la tradition, vous fournira, Messieurs, des principes de solution par rapport à l'une des pratiques les plus dangereuses et les plus coupables, je veux dire *la communication avec les esprits.* La foi ne permet pas de douter que le recours aux morts, pour apprendre la vérité, ne soit un crime abominable devant Dieu et digne des châtiments les plus terribles. Or, s'il n'est pas permis d'interroger les morts, et, par conséquent, si Dieu refuse aux morts la faculté de répondre aux questions que les vivants ne peuvent leur adresser licitement, de quelle source peuvent donc émaner ces réponses que l'on se flatte d'obtenir et que l'on obtient quelquefois ? Manifestement nul autre que l'esprit d'erreur et de ténèbres ne peut obéir à ces interpellations coupables. La communication avec les esprits est donc ni plus, ni moins, le commerce avec les démons ; et c'est par conséquent le retour à ces monstrueux désordres et à ces superstitions damnables, qui ont placé pendant tant de siècles et qui placent encore les nations païennes sous la honteuse servitude des puissances infernales... Aucune conscience éclairée ne peut se permettre ni cette évocation des morts, ni ce recours aux esprits quelconques, ni ces questions sur les mystères les plus impénétrables de la vie présente et sur les mystères de la vie future... Les seuls rapports qui nous soient permis avec les esprits, ce sont les rapports surnaturels qui consistent dans la prière, dans l'invocation des anges et des élus, dans la méditation de leurs vertus, dans le souvenir et l'imitation de leurs exemples, dans la docilité à suivre les inspirations intérieures que leur intercession auprès de Dieu peut faire arriver dans nos cœurs (1). »

Vous voyez si j'ai surfait la doctrine.

Le Spirite. Monsieur, je professe un profond respect pour la parole des prélats, qui sont nos maîtres dans la religion. Tous se montrent-ils aussi opposés au spiritisme que celui à qui vous empruntez ce passage ?

Le Théologien. Je pourrais vous en citer bien d'autres si je ne craignais de vous être à charge. Vous trouverez partout les mêmes réprobations, partout des qualifications semblables. Et il ne faut pas vous en étonner, car le sens catholique répugne à se permettre ces choses tout autant que la science théologique les condamne.

Le Spirite. Pourtant je vois des personnes pieuses qui ne se font point scrupule d'y prendre part. Elles conti-

(1) Mgr Pie, *Discours et Instr. pastor.*, t. III, p. 43-45.

nuent de fréquenter les sacrements en même temps que nos réunions : tour à tour elles paraissent aux expériences spirites et à la table sainte. Ainsi le clergé ne porte pas partout un jugement aussi rigoureux.

Le Théologien. Monsieur, ce que vous dites peut tenir à bien des causes, qui n'infirment en rien l'unanimité des réprobations. Il y a des âmes tellement obstinées dans certaines opinions que le prêtre essayerait vainement de les en faire revenir. Quand il les croit dans la bonne foi, souvent il les abandonne à leur conscience. D'autres ne portent pas même à son tribunal des pratiques dont elles ne comprennent pas ou ne veulent point comprendre la grièveté. Il n'y a donc absolument rien à conclure du fait que vous signalez, et qui ne saurait être après tout qu'une exception assez rare.

Le Spirite. Eh bien ! je veux supposer avec vos autorités que la source des révélations spirites soit réellement le démon. Nous nous tiendrons donc en garde contre ses ruses, mais si nous pouvons le forcer à faire le bien, ne sera-ce pas une œuvre licite et méritoire ?

Le Théologien. Je vous entends, vous êtes persuadé que les résultats du spiritisme en sont la justification.

Le Spirite. Oui, c'est le côté le plus fort de ma thèse. Puisque j'ai passé pour battu jusqu'à présent, j'aurais bien envie de prendre contre vous une bonne revanche.

Le Théologien. A demain, si vous voulez. Nous aurons plus de loisir pour donner à ce point de vue toute l'importance qu'il mérite.

Le Spirite. A demain donc. Trouvez-vous ici à pareille heure.

IVe ENTRETIEN

LES RÉSULTATS

Le Spirite. Monsieur, cette fois c'est un duel à mort entre vous et moi. Nous ne nous arrêtons point que l'un des deux ne reste sur la place.

Le Théologien. A la bonne heure! Voilà un champion décidé. Les esprits sentent, à ce qu'il paraît, qu'il leur faut réparer leurs précédents échecs.

Le Spirite. Oh! ce n'est point ce qui les inquiète; car les coups que vous leur portiez tombaient à faux, ainsi que vous l'allez reconnaître.

Le Théologien. Vraiment! Vous serez bien habile si vous opérez cette conversion.

Le Spirite. Je pars d'un principe certain, contre lequel vous n'avez rien à alléguer.

Le Théologien. Voyons, s'il vous plaît.

Le Spirite. C'est que, dans cette question, le vrai moyen de prononcer avec équité est de considérer les résultats.

Le Théologien. Permettez...

Le Spirite. Non, je ne connais qu'une chose : la vérité dans le monde produit le bien, l'erreur produit le mal. Quand je veux savoir que penser d'une pratique ou d'une doctrine, je regarde ce qui en découle : est-ce le bien, on ne saurait la regarder comme venant de l'enfer ; est-ce le mal, il faut s'en défier, ou même la condamner sans miséricorde. La plupart de vos apologistes et de vos prédicateurs procèdent de cette manière. Ils prennent l'Évangile et ils disent: Voilà une doctrine qui, depuis qu'elle existe, n'a fait que du bien aux hommes; donc elle est de Dieu. Ils ont raison, car c'est la parole du Maître : « Un mauvais arbre ne peut porter de bons fruits, ni un bon arbre de mauvais fruits (1). » Ainsi, vous le voyez, il vous faut accepter le débat sur ce terrain.

Le Théologien. Je l'accepte ; toutefois j'aurais bien quelque remarque à faire, non pour contredire votre principe, mais pour l'expliquer. Car, s'il est vrai en lui-même, il y a néanmoins telle application particulière où il pourrait se trouver en défaut. Mais je préfère ne pas m'arrêter là-dessus, et y aller largement avec vous. Pourvu donc que vous ne vous contentiez pas du bien apparent, partiel, opposé au mieux, et que vous regardiez l'ensemble, le bien véritable, je consens à prendre le principe que vous énoncez comme point de départ de notre discussion.

Le Spirite. Puisqu'il en est ainsi, ma cause est gagnée.

Le Théologien. C'est ce qui reste à savoir.

Le Spirite. Oh ! Monsieur, le bien opéré dans le monde par les communications des esprits est si évident, que le nier serait fermer les yeux à la lumière du jour. Et d'abord, dites-moi, contesterez-vous son efficacité pour adoucir l'amertune des séparations et combler les vides creusés par la mort ? Combien de pauvres affligés, que toutes les autres consolations trouvaient insensibles, ont commencé à sentir leur courage renaître, leur âme se ranimer en conversant avec les personnes dont ils se croyaient séparés pour toujours ! Je sais ce que vous opposez à cela : Nous ne sommes pas certains, dites-vous, de retrouver nos proches ; mais, du moins, ce qui est certain, c'est la joie d'une mère qui reconnaît la voix de son fils, c'est le bonheur d'une pieuse épouse qui se persuade qu'elle échange sa pensée avec un époux ravi à sa tendresse. Est-ce que vous compterez cela pour peu de chose ? Pourquoi alors prouver, comme vous le faites, la divinité de la religion par les seuls trésors de consolation qu'elle prodigue à toutes les infortunes de la terre ?

Le Théologien. De grâce, ne comparez point les soulagements que nous trouvons dans notre foi avec ceux que procurent vos expériences. D'un côté tout est assuré, de l'autre tout est problématique ; ici l'esprit, l'âme, la conscience sont en repos ; là tout l'homme intérieur est nécessairement agité par des préoccupations et des craintes diverses. J'ai vu au sortir de ces tristes entretiens une foule de personnes qui y avaient cherché la paix, et n'y avaient recueilli que l'amertume. Des réponses vagues, équivoques, quelquefois horribles et navrantes les avaient

(1) Matth. vii, 18.

jetées dans d'étranges perplexités. Lors même que les esprits avaient été plus rassurants, un doute cruel subsistait, qui enlevait toute sécurité. Monsieur, en ce moment, j'en appelle à vous-même : si vous n'aviez pour vous rassurer sur le sort de votre enfant que les prétendues révélations dont vous parlez, votre douleur trouverait-elle à s'y reposer pleinement, comme dans les bras d'une immortelle espérance ?

Le Spirite. J'avoue que la religion me fournit un appui plus solide. Mais lorsque ces témoignages s'unissent, ils se corroborent l'un l'autre et se fortifient mutuellement.

Le Théologien. C'est précisément cet accord qui est impossible ; la religion dénonce, repousse le témoignage des esprits.

Le Spirite. Mais s'ils disent comme elle, il faut bien qu'ils soient dans la vérité.

Le Théologien. Ils y sont alors malgré eux, et notre certitude n'emprunte rien à leur parole. Nous ne pouvons pas plus y compter que sur leurs consolations. Ne me dites pas qu'un grand nombre d'hommes y recourent, et qu'après les avoir goûtées, on y retourne encore avec empressement ; car ces consolations ressemblent à certaines liqueurs fortes et malsaines, auxquelles on revient sans cesse, parce qu'au lieu d'apaiser la soif, elles l'allument et l'irritent davantage.

Le Spirite. On ne peut du moins méconnaître que, de nos jours, la religion ne tire un grand secours du spiritisme.

Le Théologien. Comment l'entendez-vous ?

Le Spirite. Vous êtes les premiers à gémir sur les progrès de l'incrédulité. Elle envahit successivement toutes les classes et mine la société par sa base. La foi s'en va, c'est le cri universel. Et pour la ranimer dans les cœurs, la science des apologistes, l'éloquence des orateurs sacrés ne sauraient plus suffire. Malgré ces digues trop faibles pour arrêter le torrent, le monde se sentait emporté comme invinciblement dans les voies de l'indifférence et du doute, lorsque l'explosion soudaine des phénomènes spirites est venue heureusement ressusciter les croyances. D'abord, les matérialistes s'étonnèrent et se virent contraints d'admettre l'existence des esprits ; puis les rationalistes eux-mêmes, lorsqu'ils ont voulu voir, se sont sentis amenés à reconnaître des faits surnaturels. De là pour arriver à la foi chrétienne il n'y avait plus qu'un pas à faire. Ce pas, plusieurs l'ont accompli ; les autres peut-être l'accompliront bientôt. Ainsi le spiritisme, loin d'être une pratique impié, sert puissamment les intérêts de la religion et ramène au bercail les brebis égarées (1).

Le Théologien. Je sais que quelques incrédules se sont convertis à cette occasion.

Le Spirite. Et vous ne voulez pas que l'Eglise trouve là aujourd'hui son plus ferme soutien ? Monsieur, il ne faut pas se le dissimuler, vos ennemis sont les nôtres. Ceux qui ne veulent plus du christianisme sont les mêmes qui repoussent, comme autant de chimères, tous les faits racontés dans nos livres. L'incrédulité par rapport au surnaturel, voilà l'obstacle commun, le danger capital que nous rencontrons à notre époque. Pourquoi donc, au lieu de se faire la guerre, le spiritisme et le catholicisme ne se donneraient-ils pas la main ? Leur cause étant la même, pourquoi ne la défendraient-ils pas de concert, en faisant taire au besoin quelques dissidences ? Quant à moi, je ne puis m'expliquer que le clergé n'adopte pas franchement un tel auxiliaire (2). Je vois aujourd'hui dans nos rangs des hommes qui ne croyaient autrefois ni à Dieu ni à l'âme. Ces deux grands dogmes, ce sont les communications d'outre-tombe qui les ont donnés, parce qu'en effet, comme on l'a bien dit, Dieu et l'âme, voilà tout le spiritisme (3).

Le Théologien. L'alliance que vous souhaiteriez a déjà été proposée bien des fois, elle a toujours échoué, elle échouera toujours.

Le Spirite. Et pourquoi ? Le spiritisme est-il un allié si méprisable ? Répandu comme il l'est aujourd'hui, que ne peut-il pas, que n'a-t il point déjà fait pour la sainte cause de la vérité ?

Le Théologien. Dieu se sert parfois d'une doctrine fausse pour retirer certains hommes des erreurs encore plus profondes où ils étaient plongés auparavant. Il a donc pu permettre que des faits extraordinaires, opérés par les esprits, amenassent des incrédules à la conviction qu'il y a des miracles. S'ensuit-il que le vrai et le faux doivent oublier l'intervalle qui les sépare, et vivre désormais en bonne amitié afin de doubler leurs forces ? Ah ! Monsieur, il n'y a point de transaction possible pour celui qui s'appelle la Vérité. Jésus-Christ s'est décerné à lui-même ce nom, qui lui a été confirmé par le suffrage

(1) Cf. Dᵣ GRAND, *Lettre d'un cathol.*, etc., p. 112-113. — *Révélations d'outre-tombe*, p. 82. — *Le Spiritisme*, p. 24.
(2) *Révélations d'outre-tombe*, p. 7.
(3) *Le Spirit. à Mess* p. 2.

dès siècles. Ce n'est pas après avoir ainsi fait ses preuves que l'Eglise catholique, héritière de ses droits sur la terre, ira emprunter à une secte née d'hier un symbole qui répugne à son symbole, et des pratiques en désaccord avec ses pratiques. Quand le spiritisme vient à elle avec la prétention de se faire reconnaître, elle pourrait lui répondre comme autrefois le disciple de saint Jean à un fameux hérésiarque : « Oui, je te reconnais pour le premier-né de Satan. »

Le Spirite. Mais, enfin, Satan n'agit pas contre lui-même. S'il était l'auteur des phénomènes spirites, comment expliquer le bien qui en résulte et les conversions auxquelles ils donnent lieu ? Puisque, au témoignage de Jésus Christ, le royaume du démon n'est pas divisé, nous sommes sans doute en droit de conclure que les communications ne tirent pas de lui leur origine.

Le Théologien. Le démon peut bien quelquefois se tromper sur les conséquences de ses artifices. D'ailleurs il est bon spéculateur : il sait au besoin perdre peu d'un côté pour gagner beaucoup de l'autre ; volontiers il sacrifiera quelques détails pourvu qu'il se retrouve sur l'ensemble. Or, l'apparition des esprits devait avoir un double résultat : plusieurs peut-être se convertiraient à cette occasion, mais un plus grand nombre y laisseraient la pureté de leur foi, pour ne pas dire la pureté de leur cœur ; de compte fait, il se trouve que le mal l'emporte sur le bien, et c'en est assez sans doute pour décider celui qui ne cherche qu'à nous nuire. Voilà l'explication naturelle des choses dont nous sommes témoins.

Le Spirite. Ce n'est là encore qu'une simple hypothèse.

Le Théologien. Non, Monsieur, c'est un fait. Et puisque vous tenez à juger le spiritisme sur ses résultats, je m'empare de votre principe et je prétends que rien ne montre mieux quelle est la véritable source de ces choses.

Le Spirite. Vous niez donc les conversions opérées.

Le Théologien. Il y aurait bien à dire sur ces conversions. Je ne veux pas faire le procès à ceux qui sont passés, comme vous dites, *du spiritisme au spiritualisme,* et de celui-ci à la foi chrétienne. Les voies de la Providence pour conduire l'homme à la vérité sont variées à l'infini ; et, quelle que soit leur nature, elles ont droit à tous nos respects. Cependant il est nécessaire d'ajouter que souvent une fâcheuse exaltation prend chez ces convertis la place d'une croyance calme et sincère. Trop ordinairement ils se persuadent qu'ils ont mission de ramener les autres par les mêmes moyens qui les ont changés ; ils se jettent sans retenue dans le champ des expériences, et c'est là qu'à force d'interroger les esprits, ils finissent quelquefois par perdre celui qu'ils possédaient eux-mêmes.

Le Spirite. Vous renouvelez une accusation à laquelle nos auteurs ont répondu depuis longtemps.

Le Théologien. J'ai bien lu en effet dans vos auteurs que le spiritisme ne rend pas fou ; mais ce qui s'est passé à ma connaissance m'a montré le contraire. Du reste, les réponses mêmes dont vous parlez le constatent. Dans l'impossibilité de nier les faits, vos apologistes s'efforcent d'en rejeter sur nous la cause. Chose singulière ! le danger, d'après eux, ne vient point de vos pratiques, il vient au contraire de ceux qui croient les combattre *en inoculant dans les cerveaux faibles l'idée du diable ou du démon.* Il est vrai, ajoute-t-on aussitôt, que *l'exaltation peut aussi venir dans un sens opposé;* et puis savez-vous quelle est, en définitive, la consolation qu'on nous donne ? c'est que, *toute idée de spiritisme à part, on voit plus d'un cerveau dérangé par les appréciations des choses même les plus saintes* (1). Que pensez-vous de ce raisonnement ?

Le Spirite. Il me semble juste.

Le Théologien. Quant à moi, il m'a toujours paru assez singulier. C'est à peu près comme si l'on disait : Vous prétendez que les nouvelles idées produisent la folie. (On citait des faits en grand nombre.) D'abord c'est faux. Ensuite, si c'est vrai, vous en êtes cause. Enfin, il faut bien dire que c'est aussi notre faute ; mais, après tout, nous pouvions perdre la raison sans avoir pour cela besoin du spiritisme. C'est bien possible, dirons-nous ; mais la question est de savoir s'il n'a pas un peu aidé à ce résultat. Or, l'expérience répond d'une manière affirmative. Les faits ont été si frappants en Amérique que tous les journaux s'en sont préoccupés, et que les évêques ont cru devoir les constater dans leurs Lettres pastorales.

Le Spirite. Je comprends que les communications d'outre-tombe puissent exalter certaines imaginations vives et impressionnables, qu'elles fassent tourner quelques têtes peu solides ; que voulez-vous ? toute idée exagérée est capable de produire cet effet, et le sentiment religieux autant que tout autre.

(1) M. ALLAN KARDEC, *Instruct. pratique sur les manifestat. spirit*, p. 142.

Le Théologien. Oui, mais avouez que rien n'y prête comme ces conversations mystérieuses, ces réponses venant d'un autre monde et renversant toutes les idées reçues. Où se jettera une pauvre âme à qui les esprits viennent raconter tout le contraire de ce qu'elle avait cru jusqu'alors? Placée entre deux révélations, celle de l'Évangile qu'elle a appris à vénérer dès son enfance, et celle du spiritisme à laquelle on lui persuade qu'elle doit obéir, à quoi voulez-vous qu'elle s'attache, et quelle sera désormais sa ligne de conduite? La voilà tiraillée, agitée en sens contraires, ne sachant si elle doit croire l'Église qui réprouve la nouvelle doctrine, ou la doctrine qui se prétend mal comprise et repoussée à tort par l'Église. En vérité, pour une âme religieuse et un peu crédule, il y a de quoi perdre ou la foi, ou la tête, ou les deux ensemble.

Le Spirite. Je ne crois vraiment pas que vous puissiez voir dans le spiritisme une cause de diminution pour la foi. C'est lui au contraire, nous le disions tout à l'heure, qui la ranime et la ravive.

Le Théologien. Il y a une certaine foi vague, un peu vaporeuse, qui est fort du goût de notre époque. Croire que tout est fini avec la vie présente, c'est bon seulement pour quelques attardés du xviiie siècle. Croire qu'il y a un enfer éternel, cela ne convient plus qu'aux demeurants du moyen âge. Entre ces deux extrêmes, un parti mitoyen et à la mode consiste à dire que nous ne savons pas précisément comment les choses se passeront dans la vie future, ou bien encore que ce sera une existence à peu près semblable à celle que nous menons maintenant, soit que nous devions habiter le même globe, soit que nous devions être transférés dans quelque autre planète.

Si c'est de cette foi-là que vous voulez parler, je vous accorderai sans trop de peine qu'elle peut gagner quelque chose aux développements du spiritisme. Mais si vous l'entendez de la foi véritable, de la foi déterminée, qui a sur toutes choses un enseignement clair, précis, conforme à la révélation, et proposé par l'organe infaillible que le Christ a établi sur la terre, convenez, Monsieur, qu'il n'y a guère d'apparence qu'elle doive gagner beaucoup au commerce que les esprits ont avec les hommes.

Le Spirite. Cependant, dès qu'on admet les manifestations, le grand obstacle se trouve levé; car il consiste surtout dans la répugnance qu'on éprouve à croire au surnaturel. Nous faisons voir aux incrédules des faits prodigieux, nous les forçons à confesser l'immortalité de l'âme et l'existence d'une autre vie. De là, pour eux, à devenir chrétiens la distance n'est pas grande et sera franchie plus aisément.

Le Théologien. Si toutefois ils ne trouvent pas plus commode de s'arrêter en route, et de se reposer dans les flatteuses promesses de vos théories. Parmi les incrédules, les uns (et c'est le grand nombre) traitent vos expériences de chimères, et les expliquent soit par les hallucinations, soit par le charlatanisme. Plusieurs autres, convaincus de leur réalité, n'abandonnent les idées qu'ils avaient auparavant que pour se jeter dans une sorte d'illuminisme; quelques-uns enfin, mais qu'il serait facile de compter, sont arrivés, en passant par les esprits, jusqu'à la foi chrétienne. Heureux si, au sein même de l'Église, ils ne conservent point des pratiques peu conformes à ses injonctions ou des croyances en opposition avec son symbole! Voilà les conversions que vous faites. Après cela, étonnez-vous que nous n'agissions pas de concert, que nous n'applaudissions pas des deux mains à votre propagande!

Le Spirite. Vous comptez pour rien l'influence que nos expériences exercent sur la moralité. Quand un homme, peu régulier peut-être jusque-là, s'entend adresser par les esprits des exhortations comme celles-ci : Aimez Dieu par-dessus toutes choses et votre prochain comme vous-même; pardonnez à vos ennemis, oubliez les injures; faites à autrui ce que vous voudriez qu'on fît pour vous (1), etc., pensez-vous qu'il ne s'en retourne pas chez lui touché et meilleur? Vous me direz qu'il avait cent fois entendu les mêmes choses de la bouche de son curé. Mais savez-vous s'il allait à la messe? D'ailleurs, quelle prédication pourrait être efficace comme celle qui vient d'un autre monde? Plus tard il assistera à une séance où l'on interroge l'âme d'un ivrogne, et il l'entendra dire : « Je brûle desséché par le vent du désert (2). » Ou bien ce sera l'âme d'un suicidé qui répétera : « Le châtiment, mais un châtiment terrible a commencé pour moi. Je n'ai point d'espérance, je souffre horriblement; j'ai été trompé! je cherchais le bonheur, j'ai trouvé le malheur, la souffrance (3)... » Connaissez-vous beaucoup de sermons qui doivent produire un meilleur effet que ce spectacle et ces paroles?

(1) M. ALLAN KARDEC, *Instruct. pratiq.*, p. 144.
(2) *Le Spirit. à Metz*, p. 13.
(3) *Ibid.*, p. 16.

Le Théologien. Toutes les communications sont loin d'avoir un caractère moral. On a soin, il est vrai, de soustraire à la connaissance du public les moins édifiantes, surtout depuis que l'autorité épiscopale a réclamé contre la publication d'un livre qui en contenait de scandaleuses (1). Mais comment pourraient-elles ne pas se reproduire ? Parmi les esprits qui répondent, il y en a d'impurs, qui sont enclins au mal et en font l'objet de leurs préoccupations ; ils donnent des conseils perfides, soufflent la discorde, la défiance, et prennent tous les masques pour mieux tromper. Ils s'attachent aux caractères assez faibles pour céder à leurs suggestions, afin de les pousser à leur perte (2). Il y a en outre les esprits légers, qui sont ignorants, malins, inconséquents et moqueurs, qui répondent à tout sans se soucier de la vérité. Il y a les faux savants, dont les réponses sont un mélange de quelques vérités à côté des erreurs les plus absurdes, et dans ces réponses percent la présomption, l'orgueil, la jalousie et l'entêtement dont ils n'ont pu se dépouiller (3). Tous ces personnages avec qui nous risquons d'être en rapport ne feront pas entendre toujours les leçons de la sagesse. Aussi, depuis que nous conversons avec les morts, on n'a pas lieu de constater qu'il y ait plus de moralité parmi les vivants.

Le Spirite. On n'a non plus éprouvé le contraire.

Le Théologien. Si vous me permettez de dire toute ma pensée, j'avoue que je ne suis point rassuré sur les suites de vos expériences. Il y a un lien étroit entre les faits spirites et le magnétisme. Or, vous savez combien ce dernier agit puissamment sur l'organisation et sur les sens. Il crée des sympathies, il établit des affections violentes et presque irrésistibles. De même, ce n'est pas seulement l'intelligence que le spiritisme trouble par une doctrine nouvelle et bizarre, souvent aussi il jette le désordre dans le cœur ; nous l'avons vu devenir dans les familles une occasion de déshonneur ou une cause de séparation.

Le Spirite. Ces inconvénients ne sauraient avoir lieu quand on prend les précautions qu'indique la prudence. Mais enfin, Monsieur, je veux qu'il y ait là quelque danger ; du moins faut-il convenir que le spiritisme les rachète amplement par une foule d'heureux résultats. Que de fois, à son aide, on a découvert des secrets imper--

(1) *Lettres sur l'Évocation des esprits,* par M. Henri Carion.
(2) *Instruc. pratiq.,* p. 54.
(3) *Ibid.,* p. 56.

fants ! C'était un péril qui nous menaçait, c'était le principe caché d'une maladie qui échappait à la science, c'étaient certaines dispositions intérieures de nos ennemis ou même de nos proches contre lesquelles nous avions à nous prémunir. Je serais trop long si je voulais énumérer tous les biens dont il a été la source pour l'humanité entière.

Le Théologien. Et moi, je serais infini si je pouvais vous raconter les malheurs qu'il cause tous les jours. Vous parlez de guérisons obtenues par ce moyen ; je veux bien qu'il y en ait eu quelques-unes ; mais vous ne parlez pas des cas où, sur la foi des esprits, on prendra peut-être les maladies à rebours jusqu'à ce que mort s'ensuive. Vous dites qu'il nous met entre les mains un moyen de connaître les sentiments intérieurs des étrangers et de nos proches. Oh ! Monsieur, quel instrument dangereux ! quelle arme à deux tranchants ! et qu'il est à craindre qu'elle ne nous blesse ! Voyez comme elle s'en va porter le ravage dans les affections les plus saintes et les plus pures. Un ami, je suppose, conçoit un doute sur la fidélité de son ami ; il s'en va consulter les esprits lesquels, à tort ou à raison, l'affermissent dans ses craintes : voilà deux cœurs séparés à jamais. Chose plus triste encore ! un soupçon traverse l'imagination d'un époux ; il interroge une table ou un médium, et aussitôt le mystérieux interlocuteur lui jette un oui fatal. Ne frémissez-vous pas à la seule pensée des maux que va causer cette terrible réponse ? Ainsi la division entre ceux qui s'aimaient, la désunion dans les familles, des calomnies odieuses, des haines implacables : voilà quels pourront être et quels ont été trop souvent les fruits de ces conversations avec un autre monde. Je ne crains pas d'avancer que si le spiritisme obtenait universellement créance, il serait un des dangers les plus sérieux qui puissent menacer l'ordre social.

Le Spirite. N'exagérons rien, de grâce.

Le Théologien. Je suis loin d'exagérer. Dites-moi, est-ce que tout l'ensemble des choses humaines n'est pas dépendant d'un certain équilibre entre les différentes forces sociales ? Les éléments divers et souvent opposés qui entrent dans la composition de ce grand tout, doivent se contre-balancer pour amener cette situation calme d'où résulte l'ordre ; tout ce qui rompt cet équilibre met obstacle à la paix du monde. Or, je vous le demande, y a-t-il rien de plus propre à le détruire que cette action mystérieuse des esprits acceptée comme règle de toutes choses ?

Tandis qu'une partie des hommes continueront à se conduire d'après les lumières de la raison ou de la foi, qu'ils
jugeront selon ce que leur dicte la prudence naturelle ou
la révélation divine, d'autres, au contraire, se guideront
habituellement par un procédé tout différent. Ce ne seront
plus les vices ou les vertus de leurs semblables qui dé-
termineront leurs sympathies ou leurs aversions, mais
bien le témoignage toujours équivoque de ces hôtes in-
connus d'un autre monde. S'ils forment une entreprise,
ce sera sur leur conseil ; s'ils veulent connaître un secret,
ce sera par leur intermédiaire. Dès lors, plus d'obscurité
si profonde à laquelle on puisse confier ce qu'on veut dé-
rober aux hommes ; à l'heure où l'on y pense le moins,
le secret des consciences comme celui des familles, les
intentions cachées de la politique humaine et les mystères
de la diplomatie pourront être mis à nu. La sagesse, la
fidélité n'entreront plus pour rien dans la conduite des
affaires ; la seule chance assurée de succès sera de consulter les esprits, et celui-là gouvernera le monde qui se
montrera plus habile à exploiter leur conversation. Ne
voyez-vous pas que cela suffit pour nous faire rejeter à
tout jamais le nouveau système ?

Le Spirite. Mais, proportion gardée, on en aurait pu
dire autant de toutes les nouvelles découvertes qui font
tant d'honneur à notre siècle. L'invention des chemins
de fer, celle des télégraphes électriques rompaient l'équilibre. Les canons rayés détruisaient l'égalité entre nations
et créaient une irrésistible supériorité. Telle est la condition du progrès ; à chaque impulsion nouvelle, il y a un
déplacement, et, par suite, un trouble momentané ; bientôt après les forces s'égalisent et l'équilibre se répare. Le
spiritisme est sans doute une force nouvelle, mais elle
est offerte à tous, et, pas plus que les autres procédés
nouveaux, elle ne s'oppose à l'ordre du monde.

Le Théologien. Non, il n'y a point de comparaison possible. Tant que l'homme exploite la matière ou les res-
sources qu'il trouve en lui-même, il reste dans sa condition normale ; s'il fait des progrès, s'il se crée une supériorité, on ne peut que le féliciter de son savoir-faire.
Mais il n'en est plus de même quand il va chercher son
point d'appui dans un monde occulte, mystérieux ; quand
il évoque à son secours les puissances infernales. De tout
temps l'instinct des peuples a repoussé ces moyens, de
quelque nom qu'ils se couvrissent. La magie, les sorti-
lèges, la nécromancie qui ne sont après tout que la mise
en œuvre d'agents ténébreux et surnaturels, furent des

pratiques partout proscrites, partout justement réprouvées. On a senti que l'œuvre de Dieu est une, et que
tout ce qui en brise l'harmonie ne saurait venir que d'un
mauvais principe.

Le Spirite. Cependant, Monsieur, vous ne blâmez pas
les âmes pieuses qui font intervenir dans leurs affaires
l'intercession des bienheureux. Vous ne blâmez pas non
plus les saints personnages qui ont eu commerce avec
les anges, et qui opéraient par eux des choses mer-
veilleuses. L'emploi des moyens en dehors de la nature
n'est donc pas toujours opposé à la perfection de l'œuvre
divine.

Le Théologien. Je n'ai jamais prétendu dire que l'homme
était abandonné ici-bas aux seules forces qu'il tient de sa
création. Dieu lui offre sa grâce, il lui donne même en
certains cas des secours extérieurs et sensibles. Mais il y
a pour obtenir ces choses des moyens déterminés par la
Providence. La prière, la sainteté de la vie sont les seules
voies légitimes par où nous puissions nous élever jusque-
là. Quand ces faveurs se produisent comme la récompense de la vertu, on peut penser qu'elles viennent de
Dieu. Et pourtant, alors même, les véritables mystiques
ne les acceptent qu'avec frayeur. Ils ont mille précautions, de nombreuses règles de discernement pour ne
point être victimes de l'illusion. Les saints ne se rassurent
pas aisément ; quelque familiers qu'ils soient avec Dieu,
ils redoutent les ruses de l'ange de ténèbres, ils appellent
à leur aide de sages conseils, souvent même ils n'usent
des pouvoirs qui leur sont accordés que lorsqu'ils y sont
contraints par l'obéissance. Vous, au contraire, vous vous
jetez à corps perdu dans un élément que vous ne connaissez pas ; au lieu de subir malgré vous l'ascendant des
esprits, vous l'invoquez, vous l'excitez par des voies arti-
ficielles ; à la prière se mêlent des pratiques superstitieuses ; ce n'est point la pureté du cœur, ce sont les
dispositions physiques, le tempérament ou l'habitude
contractée qui vous rendent aptes à recevoir chez vous
ces êtres mystérieux. Sont-ils venus, vous vous aban-
donnez indiscrètement à leur influence, vous leur faites
une foule de questions dictées par la curiosité ; vous
écrivez sous leur action mille choses dont la vérité ne
saurait être contrôlée en aucune manière. Avouez, Monsieur, qu'il n'y a rien là qui ressemble à ce que nous
lisons dans l'histoire des saints, et qu'un abîme sépare
leurs pieuses pratiques de vos coupables manœuvres. Ils
ont été les instruments de la Providence dans le monde

pour la réalisation de ses desseins d'amour ; craignez d'être des auxiliaires aux mains du démon pour la réussite de ses projets détestables.

Le Spirite. Quoi ! vous penseriez...

Le Théologien. Oui, je suis convaincu, et cela ressort de tout ce que nous avons dit dans ces entretiens, je suis, dis-je, convaincu que l'agent surnaturel auquel vous obéissez vous exploite pour dilater parmi nous son règne. Que vous y pensiez ou non, il y a un effet d'ensemble produit par le spiritisme, et dont vous devenez jusqu'à un certain point solidaires ; car si l'entraînement existe, vous contribuez à le produire ; si l'aveuglement va croissant, vous êtes pour votre part dans ses progrès. Ah ! de grâce, songez aux âmes qui se perdent, songez aux intelligences qui se faussent, à tant de chrétiens qui s'égarent et qui perdent leur foi dans ces nouvelles théories. Songez aussi à l'empire que vous laissez prendre à ces esprits impurs, sur vos idées, sur vos sentiments, sur votre personne même. S'il faut chercher hors de vous la règle de votre conduite, que ce soit au ciel et non dans un commerce plus qu'équivoque. Et quand même vous n'y verriez rien autre chose qu'une distraction puérile et un vain amusement, rappelez-vous cette parole d'un saint docteur de l'Église : « Celui qui aura trouvé son plaisir à jouer avec le démon ne sera pas admis à se réjouir avec Jésus Christ (1). »

(1) S. Pierre Chrysolog. *Serm.* 155, *de Kalend. Januar.*

BIBLIOGRAPHIE

Catholiques

Mgr Méric. — *L'autre vie.* Téqui.

Dr Surbled. — *Spiritualisme et Spiritisme.* Téqui. — *Spirites et médiums.* Choses de l'autre monde, Amat.

R. P. Lescœur. — *La Science et les Faits surnaturels contemporains.* Roger et Chernoviz.

Bertrand. — *La religion Spirite.* — *Les morts reviennent-ils ?* — *La Sorcellerie*, Bloud.

Non catholiques

A. Acksakoff. — (Directeur de la revue *Psychische Studien* Recherches psychiques, à Leipzig). — *Animisme et Spiritisme*, Leymarie.

Dr Gibier. — *Fakirisme occidental.*

Annales des sciences psychiques dirigées par le Dr Dariex, Alcan.

Pour la discussion des hypothèses psychologiques à propos des phénomènes du Spiritisme, on ne peut ignorer : Dr Pierre Janet, *L'Automatisme psychologique ;* les études du Dr Myers sur *la Conscience subliminale* ; Louis Arcelin, *La Dissociation psychologique*, etc., etc. (Bloud, éditeur). Th. Flournoy, *Des Indes à la planète Mars.*

Inutile de rappeler les ouvrages si connus de Mirville, Gougenot de Mousseaux, Bizouart. Ils sont à compléter par les ouvrages d'Allan Kardec et de ses modernes successeurs, MM. Gabriel Delanne et Léon Denis.

TABLE DES MATIÈRES

Saint-Amand (Cher). — Imprimerie BUSSIÈRE.